Hanna-Renate Laurien

Abgeschrieben?

Hanna-Renate Laurien

Abgeschrieben?

Plädoyer für eine faire Diskussion über das Priestertum der Frau

Herder
Freiburg · Basel · Wien

Herstellung: Freiburger Graphische Betriebe 1995
Gedruckt auf umweltfreundlichem, chlorfrei gebleichtem Papier
ISBN 3-451-23621-4

Inhalt

Vorwort

Hätten Theresia von Avila, Mary Ward, Teilhard de Chardin, Kardinal Newman, Karl Rahner, Edward Schillebeeckx geschwiegen – die Kirche hätte ihren Weg nicht so gut gefunden; Reden ist nicht nur ein Recht, es ist gläubige Pflicht für alle diejenigen, die mehr Glaubwürdigkeit in der Kirche wollen. Kritische Loyalität heißt die Devise – gerade auch beim Thema des Priestertums der Frau.

Sind wir Frauen abgeschrieben? Beides, abgeschrieben und aufgewertet zugleich, wie man es nimmt. Dies läßt sich zeigen durch eine Gegenüberstellung von Kirchenväterzitaten und den Aussagen heutiger Theologen, Bischöfe und unseres Papstes. Dabei wird deutlich: Immer schon bekundete Kirche den gleichen Rang der Frau in der Heilsordnung. Nur in der Schöpfungsordnung war die Frau „zweite Sorte", deshalb erhielt sie bisher keinen Zugang zum Amt, keine Entscheidungskompetenz, die männlich als Dienst, weiblich als Macht gilt. Entscheidendes hat sich in der Argumentation geändert: Heute zweifelt kein Verantwortlicher mehr an weiblicher Gleichrangigkeit in der Schöpfungsordnung. Insofern sind wir aufgewertet, werden wir gepriesen, wird uns alles zugesprochen – und doch wird ein Bruch erkennbar: Vom Priestertum bleiben wir nach wie vor ausgeschlossen. Auch das geltende Kirchenrecht, der Codex Iuris Canonici, löst diese Spannung nicht.

Der Papst führt als Gegenargumente zur Ordination der Frauen an: die Berufung der Zwölf, die Tradition und, inzwischen nur noch verhalten, das Mannsein Jesu. Aber haben Fakten normative Kraft? Und wie ist es mit der Geschichte? Die Kirchengeschichte ist vielfach eine Geschichte der Sieger. Ich werde daher im folgenden auch die Ziele der Besiegten zur Sprache bringen. Und wir werden nach der Entwicklung des Amtes fragen. Wir müssen hierbei von den unterschiedlichen Traditionen sprechen, der prophetischen und der episkopalen. Es gilt zu sehen, daß die frühkirchlichen Schriften Verteidigungsschriften zugunsten der episkopalen Tradition sind. Vorher gab es eine Fülle der Dienste. Wer siegte? Und was bedeutet das?

Die Situation heute ist keineswegs neu. Sie steht in Analogie zum 4. Jahrhundert. Was man damals wagte, sicherte Kirche. Und heute? Hören wir das Ja für neue Gruppen, für neue Kompetenzen? Die Geschichte der Orden ist die Geschichte der Aufnahme neuer Zielgruppen. Diese Aufnahme bleibt auch heute eine Herausforderung für Orden und Gemeinden, kurzum für Kirche. Offenbar billigt man auch hier der Frau (fast) alles zu, außer der Zelebration. Aus der Tradition läßt sich übrigens kaum eine Verneinung dieses Dienstes für Frauen herleiten.

Von besonderer Wichtigkeit ist für die Gegner der Frauenordination das Argument, Christus müsse „ad personam" repräsentiert werden. Es geht um das Menschsein Jesu und um das Bild unseres Gottes. Wenn auch Paulus selbst, wie es in der Schrift heißt, „in Wehen" liegt, kann es doch wohl nicht um eine weltliche Fixierung des *Gender* (genus) gehen. Jesus ist in der geschichtlichen Menschwerdung Mann, aber er ist zugleich Gottessohn. Unser Gott hat männliche *und* weibliche Züge.

Wenn wir den heutigen Streit ernst nehmen, nicht billig wegschieben, müssen wir ferner fragen, aus welcher Wurzel sich Gemeinde bildet, und dabei die unterschiedlichen Positionen ernst nehmen, auch solche, die wir ablehnen. Das schlägt übrigens auch eine ökumenische Brücke, wobei für uns in Deutschland „Ökumene" zuerst die Gemeinschaft von Protestanten und Katholiken bedeutet, für alle römischen Verlautbarungen dagegen die mit den Orthodoxen (allerdings nicht, wenn es um Zölibat oder wiederverheiratete Geschiedene geht ...).

Man mag fragen: Warum starren wir Frauen aufs Priestertum, obwohl doch alle Getauften aufgerufen sind, das priesterliche, das königliche, das prophetische allgemeine Priestertum zu leben? Doch Kirche ist, wie jede Institution, auch ein Machtgefüge. In den diözesanen Verwaltungen gibt es in Leitungsfunktionen kaum Frauen, auch nicht in anderen Einrichtungen katholischer Trägerschaft – von Schule bis Erwachsenenbildung. Wo sind Frauen in römischen Gremien? Und *welche* Frauen werden, wenn überhaupt, in solche Gremien berufen? Wie steht es konkret mit der Möglichkeit, Theologieprofessorin zu werden?

Wie man unschwer sieht, zwingt das Thema „Frau" zur Ausweitung der Frage nach der Stellung der Laien und läßt nach der Leitungsfunktion in neuen Formen fragen. Faktische und fiktive Funktion fallen auseinander.

Die Hoffnung kommt aus den Gemeinden, den Pfarrgemeinde- und Diözesanräten, aus der „Orthopraxis". Selbstverständlich gibt es keinen Rechtsanspruch auf das Priestertum. Aber darf, ohne Prüfung der Berufung, ohne Prüfung der Eignung, ein Glaubender von einem Sakrament auf Grund seines Geschlechts ausgeschlossen werden? Setzen wir den Satz in die weibliche Form, so ist er Realität. Damit ist unsere Frage nach dem Priestertum der Frau keine Frage des Frauenrechts, des Feminismus, sie ist eine Frage an unsere Ekklesiologie, unsere Christologie.

Wer wollte den Frauen ernsthaft verbieten (und in wessen Namen?), über Ekklesiologie und Christologie nachzudenken? Und dann Schlüsse zu ziehen über die Ausübung von Macht in der Kirche?

Berlin, im Januar 1995 *Hanna-Renate Laurien*

Einleitung

1. Das Papstwort vom 22. Mai 1994

„Damit also jeder Zweifel bezüglich der bedeutenden Angelegenheit, die die göttliche Verfassung der Kirche selbst betrifft, beseitigt wird, erkläre ich kraft meines Amtes, die Brüder zu stärken (vgl. Lk 22,32), daß die Kirche keinerlei Vollmacht hat, Frauen die Priesterweihe zu spenden, und daß sich alle Gläubigen der Kirche endgültig an diese Entscheidung zu halten haben."

Das ist der Schluß des Papstschreibens „Ordinatio Sacerdotalis" vom 22. Mai 1994. Ihm gebührt ernste Beachtung, ist es doch eine Disziplinaranordnung mit dem Einsatz hoher Autorität. Niemand wird daher in der katholischen Kirche diesem Wort zuwiderhandeln und Frauen die Priesterweihe erteilen. Aber was besagt das Wort „endgültig"? Eine verbindliche dogmatische Aussage, eine verbindliche Auslegung der Offenbarung ist dieses Papstschreiben nicht. Fragen über Fragen prasseln auf die angeführten Begründungen des Verbots der Priesterweihe für Frauen. Diese sind eine Kurzfassung der Erklärung der Kongregation für die Glaubenslehre zur Frage der Zulassung der Frauen zum Priesteramt – „Inter Insigniores" – vom 15. Oktober 1976. Dort erfahren Frauen höchste Würdigung als „wahre Jüngerinnen" (in der jüngsten päpstlichen Erklärung noch mehr unterstrichen als 1976), und Maria wird allen als Beispiel vor Augen gestellt. Aus „Inter Insigniores" wird zitiert: „Die Größten im Himmelreich sind nicht die Amtsträger, sondern die Heiligen". Nun ja, auf Erden ist das wohl doch nicht immer so klar mit den „Heiligen". Alle Kompetenzen, alle Vollmachten liegen bei den Amtsträgern. Wollen diese nicht vielleicht auch „Heilige" werden?

Das eindeutige und „endgültige" Nein des Papstes beruft sich auf die Tradition, das Verhalten Christi, die Handlungsweise der Jünger, die der Apostel, die unmittelbare Verbindung des Priesteramtes mit der Offenbarung, das lebendige Lehramt und – in der jüngsten Erklärung nicht mehr betont – das Mannsein Jesu. Auf all diese Feststellungen möchte ich eingehen.

Welches Verständnis von der Menschwerdung unseres Gottes zeigt sich hier? Welches Verständnis vom Amt, von Offenbarung und von der Geschichtlichkeit unserer biblischen Botschaft und unserer kirchlichen Traditionen? Welches Verhältnis zwischen Schöpfungs- und Heilsordnung? Fragen, die weit über das Thema der Frauenordination hinausreichen.

„Endgültig"? Schluß des Nachdenkens, der Diskussion? Die weltweiten Reaktionen, nicht von Kirchengegnern, sondern von Gläubigen, Laien wie Bischöfen, stimmten darin – von wenigen Ausnahmen abgesehen – überein: Ein Ende des Nachdenkens, des Argumentierens kann in einer freien Gesellschaft weder angeordnet noch durchgesetzt werden. Und Kirche, unsere Kirche, ist Teil einer freien Gesellschaft.

2. *Wenn sie geschwiegen hätten …*

Ich höre Theresia von Avila beten: „Herr meiner Seele! Als du noch in dieser Welt wandeltest, hast du den Frauen immer deine besondere Zuneigung bewiesen … Die Welt irrt, wenn sie meint, daß wir nicht öffentlich für dich wirken dürfen noch Wahrheiten aussprechen, um derentwillen wir im Geheimen weinen … Aber es wird der Tag kommen, mein König, wo dieses alles bekannt wird … Ich werfe unserer Zeit vor, daß sie starke und zu allem Guten begabte Geister zurückstößt, nur weil es sich um Frauen handelt.“[1]

Und ich fühle mit Mary Ward. Papst Urban VIII. unterzeichnete 1631 eine Bulle, in der es heißt, daß „diese Frauen … Werke unternommen (haben), die sich dem weiblichen Geschlecht bei der Schwäche seines Verstandes, für die weibliche Bescheidenheit und für die jungfräuliche Sittsamkeit nicht geziemen“. Was war geschehen? Mary Ward hatte Mädchenschulen organisiert, die Zustrom fanden, sie wagte es, so heißt es in einem der anschuldigenden Briefe, sogar mit Theologen, mit Priestern über geistliche Fragen zu sprechen, sie wollte für sich und ihre Schwestern die ignatianische Ordnung des Tageslaufes, damit dieser Tageslauf für die Schülerinnen nicht durch die festen Zeiten des Stundengebetes zerstückelt würde. Der Papst ordnete ihre Inhaftierung als „Häretikerin, Schismatikerin, Rebellin gegen den Heiligen Stuhl“ an. Aber Mary Ward unterschreibt das Schuldbekenntnis nicht, „indem ich sage: wenn ich etwas gegen die Kirche gesagt oder getan habe. Nein, mit diesem ‚Wenn‘ würde ich … der Welt gerechte Ursache geben zu glauben, ich litte (in diesem Gefängnis) nicht ohne Grund. Nein, nein – eher will ich mich in die Arme der Göttlichen Barmherzigkeit werfen und ohne Empfang der Heiligen Sakramente sterben". Sie wich in der Sache nicht, aber sie blieb stets *in* unserer Kirche. Nach der Freilassung wirft sie sich dem Papst zu Füßen: „Heiliger Vater, nicht bin ich, noch war ich jemals eine Ketzerin."[2] Und er, der die Bulle unterzeichnet hatte, ruft „Lo credemo". Das bringt ihr die Erlaubnis zum Aufenthalt, nicht aber die Aufhebung der gegen ihre Schulen gerichteten Bulle. 200 Häuser der Englischen Fräulein auf drei Kontinenten gibt es im 19. Jahrhundert, aber erst 1909 hebt Pius X. das Verbot, die Stifterin zu nennen, auf, und erst 1978 erhält das Institut der Englischen Fräulein die von Mary Ward geforderten Konstitutionen des Ignatius von Loyola. Solch langer Atem ist sehr lang ...

Ich denke an Kardinal Newman. Ob er eine katholische Universität plante, eine gläubig-geöffnete Zeitschrift betrieb, in seinen Schriften die Leuchtkraft eines existentiellen Christseins darstellte, was er auch tat, der Vertreter der Kurie in London schrieb: „Newman ist der gefährlichste Mann in England."[3] Auch Newman wich in der Sache nicht. Aber indem er sein Auftreten gegen Bildungsfeindlichkeit und Geistesenge mit seinem grundsätzlichen Gehorsam zu unserer Kirche verband, versöhnte er Zerrissenheit mit kritisch-gläubiger Zustimmung. Leo XIII., der die Kirche von Bewahrung zur Bewährung führte, erhob ihn 1879 zum Kardinal; „il mio cardinale", sagte er.

Und ich denke an Teilhard de Chardin. Wissen und Glauben wollte er verbinden, Kirche nicht als „exklusive Gesellschaft der Erlösten", vielmehr als Gemeinschaft derer verstehen, „denen vor allem die Interpretation und Vergegenwärtigung der die Welt umfassenden Heilsgeschichte Christi anvertraut ist". Er wollte das Recht der modernen Forscher und Arbeiter darlegen, „sich zu sagen, daß sie im *Arbeiten* den totalen Christus unmittelbar berühren". Doch erhielt er Publikationsverbote, wurde von wichtigen Orten ferngehalten, er mußte, als „Humani generis" 1951 erschien (mit der Aussage, die Menschheit hätte nur einen einzigen Stammvater), Europa verlassen. „Welches ist die heiligste meiner Berufungen?" schrieb er. „Indem ich ohne Revolte mein Gebäude der Forschung demolieren lasse, arbeite ich weiter und predige das Evangelium der Forschung ... Wäre es für mich logisch, wenn ich, durch einen Bruch mit meiner Kirche, ungeduldig das Wachsen des christlichen Triebes forcierte ...? Ich bin Gefangener in der Kirche aufgrund eben der Anschauungen, die mir ihre Unzulänglichkeit aufdekken."[4]

In dieser Reihe nenne ich aus unserer Zeit exemplarisch Karl Rahner, Edward Schillebeeckx, Hans Küng. Sie haben widersprochen *und* geglaubt. Nein, ich muß genauer formulieren: Sie haben widersprochen, *weil* sie glaubten.

Wie man sieht, darf das Thema Frauenordination nicht isoliert werden. Es gehört in den Gesamtzusammenhang von Kirche und Glauben. Es geht nicht nur um „Frau". Die Beispiele zeigen, daß es sich bei aller auszusprechenden Kritik hier um eine Kritik *in* der Kirche handelt. Dies ist auch die Position der im Herbst 1994 gefaßten Beschlüsse der Vollversammlungen des Münchener und des Berliner Diözesanrates, der Erklärung der Deutschen Bischofskonferenz, des Votums der Belgischen Bischofskonferenz, der Stellungnahmen vieler Theologen: Das Gespräch darf nicht beendet sein. Mein Plädoyer ist in gleicher Weise kein Angriff auf die geliebte Kirche. Es folgt dem Sinn des

Codex' des Canonischen Rechts (CIC) von 1983 (Titel I, can. 211): „Alle Gläubigen haben die Pflicht und das Recht, dazu beizutragen, daß die göttliche Heilsbotschaft immer mehr zu allen Menschen aller Zeiten auf der ganzen Welt gelangt." Und can. 212, § 3, hält fest: „Entsprechend ihrem Wissen, ihrer Zuständigkeit und ihrer hervorragenden Stellung haben die Gläubigen das Recht und bisweilen sogar die Pflicht, ihre Meinung in dem, was das Wohl der Kirche angeht, den geistlichen Hirten mitzuteilen und sie unter Wahrung der Unversehrtheit des Glaubens und der Sitten und der Ehrfurcht gegenüber den Hirten und unter Beachtung des allgemeinen Nutzens und der Würde der Personen den übrigen Gläubigen kundzutun."

All die genannten Voraussetzungen der Meinungsäußerung (Glaube, Sitte, Ehrfurcht, Nutzen, Personenwürde) nehme ich für mich in Anspruch, wenn auch nicht das Wort von der „hervorragenden Stellung". Der Anlaß zum Sprechen ist für mich die konkrete Aktualität; das „bisweilen" in § 3 wird mir zum „jetzt"; das Recht auf nachdenkliche Stellungnahme zur Pflicht. Da ich keine Theologin bin, werde ich auch keinen fachwissenschaftlichen Aufsatz konzipieren, wohl aber greife ich auf wissenschaftliche Beiträge zurück. Denn Theologie und Glaube gehören zusammen. Der Reichtum unserer Kirche, unseres Glaubens, auch das Aushalten und Überwinden von Widersprüchen kann so erfahren werden.

Vielleicht ist das Wichtigste zur Bewahrung der Glaubenseinheit in der Vielfalt dies: zu lernen, die Legitimität verschiedener Standpunkte auszuhalten, und im geschichtlichen Verlauf immer wieder zu erkennen, daß gerade der Wandel das Bleibende bewahrt. Es geht um Standortbeschreibung in einer Zeit des Übergangs,

Standortbeschreibung, die nicht nur ein Schisma von sich weist, die auch für den Umgang miteinander wichtig ist. Was die einen als Schutz verstehen, ist für die anderen Barriere. Und doch wollen beide Glauben vermitteln ... Das führt zu kritischer Loyalität, nicht um ihrer selbst willen, nein, vielmehr um Menschen für Kirche zu begeistern und um Kirche gläubig und menschenfreundlich zu vermitteln.

Hätten sie geschwiegen, Kirche hätte ihren Weg für die Menschen von heute nicht so überzeugend gefunden. Reden ist gläubige Pflicht. Und nun wollen wir reden.

I

Gleichwertigkeit von Mann und Frau?

Nachdrücklich betont der Heilige Vater in „Ordinatio Sacerdotalis“, daß „die Nichtzulassung der Frau zur Priesterweihe keine Minderung ihrer Würde und keine Diskriminierung bedeuten kann, sondern die treue Beachtung eines Ratschlusses, der der Weisheit des Herrn des Universums zuzuschreiben ist“.

Der „Ratschluß des Herrn“ wird uns noch später zu schaffen machen. Wir wollen uns zuerst einmal mit dem Fundament der hier angesprochenen „Würde“ befassen. Die Betonung dieser Würde, die Abwehr von Diskriminierung, das alles klingt, auf die Geschöpflichkeit bezogen, keineswegs nach „Abgeschrieben“. Gleiches gilt für die konziliaren wie päpstlichen Verlautbarungen aus den letzten Jahren, alle betonen sie die Gleichrangigkeit:

Im Apostolischen Schreiben „Über die Würde und Berufung der Frau“ (Mulieris Dignitatem) vom 15. August 1988 gibt es keinen Zweifel: Beide, Mann und Frau, sind Gott ähnlich. Ihre Beziehung ist, im Schöpfungsbericht gründend, eine Beziehung der Gegenseitigkeit. Sie sind nicht bloß „nebeneinander“, „miteinander“, sie sind „füreinander“ (Nr. 7). Und die Sünde ist nicht die Sünde Evas, sondern die Sünde beider; sie „bewirkt das Zerbrechen der ursprünglichen

Einheit …: die Verbundenheit mit Gott als Quelle der Einheit innerhalb des eigenen ‚Ichs', in der gegenseitigen Beziehung zwischen Mann und Frau *(comunio personarum)* und schließlich gegenüber der Außenwelt, der Natur" (Nr. 9). Das „Herrschen" ist Konsequenz der Sünde, es „zeigt die Störung und Schwächung jener grundlegenden Einheit an" (Nr. 10).

Das ist eine klare Abkehr von langer kirchlicher Tradition, auf die wir zu sprechen kommen werden, einer Tradition, in der dieses „Herrschen" noch als Ausdruck göttlichen Willens galt.

Wenn dann aber das Apostolische Schreiben im Verhalten der Frau gegenüber dem Geheimnis Jesu „eine besondere Empfänglichkeit, die einem Wesensmerkmal ihrer Fraulichkeit entspricht", hervorhebt, sollten wir aufmerksam sein. Was heißt „besonderes Wesensmerkmal der Fraulichkeit"? Auch auf die „besondere Rolle der Maria aus Magdala", die „Apostel der Apostel" genannt wurde, wird im Schreiben hingewiesen: Mann und Frau, die Apostel wie Maria von Magdala sind „in gleichem Maße empfänglich für das Geschenk der göttlichen Wahrheit und der Liebe im Heiligen Geist". Und dann wird – in der gleichen Nr. 16 – eine subtile Umkehr vollzogen: „Die Tatsache, Mann oder Frau zu sein, führt zu keinerlei Einschränkungen, ebensowenig wie, nach den bekannten Worten des Apostels, jenes Heilswirken des Geistes im Menschen dadurch eingeschränkt wird, daß einer ‚Jude oder Grieche, Sklave oder Freier' ist: ‚Denn ihr alle seid einer in Christus Jesus'(Gal 3, 28). *Diese Einheit hebt die Verschiedenheit nicht auf.* Der Heilige Geist, der in der übernatürlichen Ordnung der heiligmachenden Gnade eine solche Einheit bewirkt, trägt in gleichem Maße dazu bei, daß … Prophetsein heißt, unter Wahrung der

Wahrheit und Eigenart der je eigenen Person, sei es Mann oder Frau, mit Wort und Leben ‚die großen Taten Gottes (zu) verkünden‘ (vgl. Apg 2, 11) ... *Jede Berufung hat ihren tief persönlichen und prophetischen Sinn.* In der so verstandenen Berufung erreicht das Frauliche in einer Person ein neues Maß: Es ist das Maß der ‚großen Taten Gottes‘, zu deren lebendigem Träger und unersetzlicher Zeugin die Frau wird“ (Nr. 16).

Ein wenig verwirrt halte ich inne. Einheit erst oder nur in der übernatürlichen Ordnung? Und in der natürlichen Ordnung, wer wollte das bezweifeln, bestehen die Unterschiede fort, aber offenbar doch nicht im Sinne einer Gleichrangigkeit, sondern in einer funktionalen Unterschiedlichkeit? Inzwischen meinen wir allerdings zu wissen, daß das zitierte Galaterwort nicht Verheißung für das Himmlische Jerusalem, sondern vorpaulinische Taufformel für den Eintritt in die Gemeinschaft der Christen war, also doch eine neue Form des Miteinanders auch im Hier bezeichnet. Und dann lese ich noch einmal im päpstlichen Schreiben: „neues Maß des Fraulichen ...“ Das kann doch nur die Einheit von Schöpfungs- und Heilsordnung bedeuten. Dies wird im Fortgang der Schrift nachdrücklich betont (Nr. 22). Ja, der Apostel empfindet, so heißt es, als Mann im Hinblick auf „Gottes große Taten“, „das Bedürfnis, das, was wesenhaft zum fraulichen Sein gehört, zu Hilfe zu nehmen“, und es wird Gal 4, 19 zitiert: „meine Kinder, für die ich von neuem Geburtswehen erleide“. Doch wenn dann das Geheimnis der bräutlichen Liebe, die Kirche als Braut, Christus als Bräutigam gedeutet wird, heißt es (Nr. 25) unmißverständlich: *„Das Symbol des Bräutigams ist männlichen Geschlechts“*, und es wird auf Christi freies Handeln, nur Männer zu Aposteln berufen zu haben, verwiesen und dabei hervorgehoben, daß *„in der Eucharistie* … in sakramentaler Weise *der Erlösungsakt Christi, des Bräutigams, gegenüber der Kirche, seiner Braut,* ausgedrückt (wird). Das wird dann durchsichtig und ganz deutlich, wenn der sakramentale Dienst der Eucharistie, wo der Priester ‚in persona Christi' handelt, vom Mann vollzogen wird" (Nr. 26).

Wie man sieht, wird hier nun doch ziemlich unverblümt eine biologische Rollenzuweisung, die sich als Amtszulassung oder Amtsverweigerung erweist, vollzogen. Ganz offensichtlich trennt man hier, ebenso wie in „Inter Insigniores" und in „Ordinatio Sacerdotalis", die natürliche, geschöpfliche Ordnung von der sakramentalen Heilsordnung. In der Theologie der Väter war die Wertung umgekehrt, da wurde nur in Christus diese „Minderwertigkeit" aufgehoben, während die Frau geschöpflich als zweitrangig galt, was nicht ohne soziale Folgen blieb.

Im nachsynodalen Apostolischen Schreiben „Über die Berufung und Sendung der Laien in Kirche und Welt" („Christi fidelis laici") vom 30. Dezember 1988 heißt es, daß „die Synodenväter (es sind die der Bischofssynode von 1987 gemeint) wiederholt und entschieden die Dringlichkeit hervorgehoben (haben), angesichts der verschiedenen Formen der Diskriminierung und Marginalisierung, denen die Frauen wegen ihres Frauseins ausgesetzt sind, die *Personenwürde der Frau* und somit ihre Gleichheit mit dem Mann herauszustellen" (Nr. 49).

Da bleibt nur die Folgerung: Zwar bedeutet geschöpfliche Unterschiedlichkeit auf dieser Welt keine Beeinträchtigung der vollen Gleichberechtigung von Frauen, zwar erklärt auch die Kirche nun Frauen explizit als gleichberechtigt, doch sobald es um den Zugang zum tiefsten Geheimnis, der Eucharistie, geht, treffen Frauen auf biologische Schranken. Wird hier letztlich eine Rollenaufteilung praktiziert, die gerade nicht in Gleichrangigkeit mündet? Gerade wenn dem eucharistischen Priestertum die Würde eignet, die die Gläubigen ihm zuordnen, wird ein Rangunterschied zwischen Mann und Frau auf dieser Erde zementiert, wenn und solange Frauen der Zugang zum Priestertum verwehrt bleibt.

Die Umkehr im Galaterzitat ließ die Position ahnen: Einheit (im Sinne wertfreier Unterschiedlichkeit) in der übernatürlichen Ordnung der Wirklichkeit Gottes, nicht aber in der sakramentalen Ordnung der Kirche im Hier und Jetzt.

Ehe wir uns mit dem „männlichen Symbol des Bräutigams“, mit der normgebenden Ausschließlichkeit des Handelns Jesu, mit der Darstellung der Apostelzeit, der Berufung auf die Tradition beschäftigen, ist es wohl unerläßlich, auf die Schöpfungswirklichkeit einzugehen. Da hat sich im Vergleich zur Mehrheit der Kirchenväter heute ein positiver Wandel vollzogen. Es ist fast so, als spräche man etwa im 4., 5. oder auch im 13. Jh. von einem anderen Wesen, wenn man von „Frau“ redete.

Heute reagieren wir zu Recht empfindlich auf Rollenfixierungen, in denen Unterschiedlichkeit zu verschiedener Wertigkeit führt, auf „Wesensdefinitionen“, die nichts anderes als geschlechtsspezifische Eingrenzungen sind.

Welch allzu irdische Spur begegnet mir in „Mulieris dignitatem“: Da wird „Hingabe als personale Struktur des Frauseins“ definiert. Ist Hingabe nicht von jedem Christen gefordert, Mann wie Frau? Die von der Naherwartung erfüllten Christen der Evangelien hätten von solcher Aufteilung nichts wissen wollen. Welche Verkürzung der männlichen Existenz kommt hier zum Vorschein. Können wir uns Petrus, vor die Frage gestellt, ob er Jesus liebe, als jemanden vorstellen, der antwortet, daß Hingabe nun einmal nicht die personale Struktur des Mannseins ausmache?

Aufmerksam geworden, studiere ich „Christi fidelis laici" noch einmal. Die guten Zuweisungen der Aufgaben des Laien in Welt und Kirche bestätigen viel heute schon selbstverständlich Gelebtes. Doch dann heißt es, die Frau habe „die erleuchteten Augen des Herzens" und außer der Erziehungsaufgabe auch den Auftrag, „die moralische Dimension der Kultur zu sichern". Das kann doch wohl nicht nur Aufgabe der Frauen sein! Was immer „erleuchtete Augen des Herzens" sein mögen – wenn damit Kräfte des Gefühls, der Mitmenschlichkeit angesprochen werden, so gehören sie zum Menschen, und jeder und jede erfüllt sie in seiner und ihrer Weise des Menschseins. Und ist die „moralische Dimension der Kultur" wirklich Frauensache? Die Männer „sumpfen" und die Frauen sichern die Moral? Jeder männliche Christ muß sich da empören ... Moral ist ein gemeinsamer Auftrag! Seltsam, daß kaum jemals von der Verkürzung der männlichen Seinsweise durch solche Zuordnungen gesprochen wird. Und es überrascht, wie genau offenbar Männer wissen, was Frausein ausmacht. Sollten Frauen einmal „Mannsein" vergleichbar bestimmen?

Hören wir uns einmal an, wie es klingt, wenn ein Papst die Männer folgendermaßen anspricht, besonders ihre „Würde und Sendung ... und zwar in der Weise, wie der Plan Gottes es (ihnen) zugedacht hat: als lieben Sohn, als reinen und starken Jüngling, als liebevollen Bräutigam, vor allem aber als Vater, der in

Ehre und voller Würde zu halten ist, und schließlich als Witwer, fromm, im Leid gereift und unermüdlich". Man müsse ihm „notwendig auch die Anerkennung seiner menschlichen und bürgerlichen Rechte (gewähren) sowie die Verteidigung seiner ganz besonderen natürlichen Vorzüge ... zumal wenn man den Mann im Weisung und Hilfe gebenden Licht jener sieht, die, strahlend von Schönheit und Heiligkeit, mütterlich mit Christus über dem Los der Menschen waltet – Maria".

Falls einem diese Zeilen merkwürdig vorkommen: Ich habe nichts weiter getan, als die Ansprache Papst Pauls VI. beim Angelus am 17.8.1975 geschlechtsspezifisch umzuformulieren. Setzt man statt Sohn „Tochter", statt Jüngling „Jungfrau", statt Bräutigam „Braut", statt Vater „Mutter", statt Witwer „Witwe", so hat man den orginalen Text[5]. Hier wird wohl jedem deutlich, wie die sentimentale Rollenzuweisung Menschsein verkürzt, obwohl es diesem Text keineswegs darum geht, die Frauen abzuschreiben, sie vielmehr besonders geachtet werden sollen.

Und mir fällt ein, welch hymnischen Ton die „Botschaft an die Frauen" hatte, die das Vatikanische Konzil am 8.12.1965 verkündete. Ohne Bezug auf vergangene Sünden erklärte man, die Kirche sei stolz, „daß sie die Frau erhoben und befreit hat", und beschwört die Stunde, „in der sich die Berufung der Frau in ihrer Fülle vollendet, die Stunde, in der die Frau in der Gesellschaft einen Einfluß, eine Entfaltung, eine Macht erwirbt, die sie bis jetzt noch nie erreicht hat". Und dann wird beschrieben, was Frauen leisten: „Ihr Frauen habt immer die Sorge um den Herd, die Liebe zum Leben, das Gefühl für die Wiege in eurer Hut. Ihr kennt das Geheimnis des beginnenden Lebens. Ihr tröstet im Augenblick des Todes. Unsere Technik läuft

Gefahr, unmenschlich zu werden. Versöhnt die Männer mit dem Leben. Und vor allem – Wir bitten euch inständig darum – wacht über die Zukunft unserer Art …" Und dann werden sie gruppenspezifisch angesprochen: „Bräute, Familienmütter, erste Erzieherinnen des Menschengeschlechtes in der Verborgenheit des häuslichen Herdes, vermittelt euren Söhnen und Töchtern die Traditionen eurer Väter in dem gleichen Augenblick, in dem ihr sie auf die unergründliche Zukunft vorbereitet …

Auch ihr, alleinstehende Frauen, wißt, daß ihr eure Berufung zur Hingabe ganz erfüllen könnt … Und auch die Familien können nicht leben ohne die Hilfe derer, die keine Familie haben.

Vor allem aber seid ihr, gottgeweihte Jungfrauen, in einer Welt, in der der Egoismus und die Vergnügungssucht die Gesetze diktieren, die Hüterinnen der Reinheit, der Uneigennützigkeit und der Frömmigkeit …

Und schließlich ihr, leidgeprüfte Frauen, die ihr gleich Maria direkt unter dem Kreuz steht … helft ihnen (den Männern) noch einmal, daß sie den Wagemut der großen Unternehmungen bewahren und gleichzeitig auch … den Geist für bescheidenen Beginn.

Ihr Frauen, die ihr die Wahrheit süß, zart und zugänglich zu machen versteht, setzt euch dafür ein, daß der Geist dieses Konzils die Institutionen … und das ganze tägliche Leben durchdringe … euch obliegt es, den Frieden in der Welt zu retten."[6]

„Hingabe" als geschlechtsspezifische Seinsbestimmung, Reinheit, Leidensfähigkeit gehen zusammen mit der Festlegung auf die Rolle des Herdes, der Stille. Die mit solchen Worten vollzogene Ausgrenzung wird durch hymnische Überhöhung verdeckt. Wer so weit entfernt ist, mit dem braucht man über die Bedingungen des Zusammenlebens nicht zu sprechen. Es gibt ein Maß von Erhöhung, das gesellschaftlich unschädlich macht. Hier kann nicht der Ort sein, die Geistesgeschichte dieser Rollenüberhöhung – *sie* der Frieden, *er* die Tatkraft; *sie* die gute Sitte, *er* das tägliche Leben – im Durchgang durch die Epochen der Klassik und Romantik darzustellen. Hier sei nur festgestellt: Anbetende Verehrung, auch wenn sie aufs erste gesehen in krassem Gegensatz steht zu demütigender Herabsetzung, geht in der Praxis ebenso auf Distanz.

Doch solch hohe Zuordnung des Frauseins war nicht immer Lehre der Kirche. Bei den Kirchenvätern lassen sich sehr verschiedene Zeugnisse finden – jeweils auch ein Spiegel der geistigen und sozialen Umwelt, keineswegs immer mit heutigen Augen zu lesen.

Epiphanios von Salamis etwa, der große alte Mann des palästinensischen Mönchtums, Bischof von Kyros (gest. 403), bekämpfte die Häretiker nicht zuletzt deswegen, weil sie Frauen die Möglichkeit gaben, Vorsteher und Priester zu sein. Er teilte nicht die Auffassung des Origenes vom rein geistlichen Paradies, da sich „die Körper, an denen sie [die Asketen] sich so hart abgemüht haben … nicht einfach in dünne Luft auflösen"[7] können. Bei ihm lesen wir: „Da der Teufel keineswegs die Gedanken des Mannes, die von der Kenntnis Gottes ihre Kraft bekommen, von der Wahrheit abzubringen vermochte, hat er sich an die Frau gewandt, d. h. an die Unwissenheit der Menschen"[8].

Tertullian (gest. nach 220), der erste große lateinische Theologe aus Karthago, war für eine gewisse Zeit Anhänger des „Montanismus", der neuen Prophetie, die von Priska und Maximilla stärker geprägt wurde als von Montanus, nach dem sie benannt wurde[9]. Für Tertullian kam die Gnade allein aus der Hand Gottes, aber auch die Gnade nahm den Menschen nicht ihre Schwächen, und diese hingen vor allem mit der Sexualität zusammen. Bei ihm „haben wir die erste einflußreiche Formulierung des Glaubens, daß Enthaltung von Sex die wirksamste Technik sei, um Klarheit der Seele zu erzielen“[10], und so verwundert sein „Frauenhaß“ nicht, bedrohte die Verführung durch die Frau doch diese Klarheit der Seele. In *De cultu feminarum* schreibt er, auf Eva bezogen:

„Du bist es, die dem Teufel Eingang verschafft hat, du hast das Siegel jenes Baumes gebrochen, du hast zuerst das göttliche Gesetz im Stich gelassen, du bist es auch, die denjenigen betört hat, dem der Teufel nicht zu nahen vernochte ... Wegen deiner Schuld, d. h. um des Todes willen, mußte auch der Sohn Gottes sterben, und da kommt es dir noch in den Sinn ... Schmucksachen anzulegen?“[11]

Ambrosiaster (ein anonymer römischer Priester, den die moderne Forschung so nennt) kommentiert Kol 3,11 („Da ist nicht Heide und Jude, Beschneidung und Vorhaut, Barbar und Skythe, Sklave und Freier, sondern alles und in allen Christus“): „Die Frau ist nur als Erlöste imago Dei, nicht durch die Schöpfung.“[12]

An Augustinus führt in diesem Zusammenhang kein Weg vorbei. Er liest das Buch Genesis aus anderem anthropologischen Verständnis heraus als wir heute. Zu seiner Zeit verstand man Leib und Seele nicht derart als Einheit, wie wir es heute tun dürfen; man meinte, Aristoteles folgend, der ungeborene Mensch stecke im männlichen Sperma, die Frau sei nur so etwas wie ein aufnehmender Ackerboden, nur dienend, nur passiv am Entstehen des neuen Menschen beteiligt. Daher formuliert er: „Wenn man aber fragt, wozu diese Hilfe geschaffen werden mußte ...

so findet man wahrscheinlich keinen anderen Grund als den der Erzeugung von Kindern, wie auch die Erde Hilfe für den Samen ist". Dann stellt er fest, daß weder bei mühseliger Arbeit noch als Trost in der Einsamkeit, noch in freundschaftlichem Zusammenleben die Frau eine bessere Hilfe wäre als ein Mann. „Könnte etwa jemand sagen, daß Gott aus der Rippe des Mannes nur eine Frau, nicht auch einen Mann – wenn er das wollte – hätte schaffen können? Deswegen kann ich nicht entdecken, zu welcher Hilfe die Frau für den Mann geschaffen sein soll, wenn man vom Gebären absieht ..."[13]

Es gibt viele frauenfeindlich interpretierbare Aussagen des Augustinus, die ihre Wirkung in der Kirchengeschichte nicht verfehlt haben, die eine bestimmte Wertung festschrieben, mithin Tradition begründeten. So etwa heißt es in einem Dialog zwischen der Vernunft und ihm selber über die Unsterblichkeit der Seele: „Denn ich halte dafür, daß nichts den männlichen Geist mehr von der Höhe seiner Burg hinabwirft als das Schmeicheln der Frau und jene Berührung der Leiber, ohne die man eine Gattin nicht haben kann. Wenn es also zur Pflicht eines Weisen gehört, für Kinder zu sorgen ... wird mir jeder, der nur deswegen den Beischlaf ausübt, bewundernswert, aber in keiner Weise nachahmenswert sein können."[14]

Doch wir dürfen nicht übersehen, daß Augustinus es war, der das Einleitungskapitel der Genesis anders interpretierte, als es zu seiner Zeit üblich war. Der asketischen Interpretation entsprach, daß im Paradies ein engelhafter Zustand herrschte, gewiß einer ohne Geschlechtsverkehr. Bis etwa 400 folgte auch Augustinus dieser Interpretation (worauf sich in der Tradition mancher bezieht), aber etwa seit 400 bis zu seinem Tod beschrieb er Adam und Eva „ausnahmslos als körperliche menschliche Wesen ... Gott hatte sie für die Freuden der menschlichen Geselligkeit geschaffen ...“[15] Für ihn war „der verbogene menschliche Wille und nicht die Ehe, nicht einmal der Sexualtrieb ... das Neue an der menschlichen Lage nach Adams Fall“[16]. Die Harmonie zwischen Leib und Seele war zerbrochen. Der Tod blieb daher für Augustinus stets das härteste, bitterste Zeichen menschlicher Schwäche. Die sexuelle Begierde offenbart für ihn einen beständigen Defekt in der Seele, und in seinen „geduldigen Erklärungen der paulinischen Briefe“ betont er, „daß *das Fleisch* nicht einfach der Körper sei: es war alles, was das Ich dazu führte, seinen eigenen Willen dem Willen Gottes vorzuziehen“[17]. Ein, wie Peter Brown berichtet, erst kürzlich entdeckter Brief, den der Siebzigjährige schrieb, faßt sein Nachdenken zusammen, so wie er es auch in seinen Predigten ausdrückt, anders als im „Gottesstaat“ oder in den Traktaten gegen Julian, in denen er beschreibt, daß der Mensch gnadenlos der Begierde, der Konkupiszenz ausgeliefert sei. Im Brief unterscheidet er genau zwischen dem „Trieb zur Heirat“ (der in den Zusammenhang der Schöpfung gehört, die den Katholiken „aus tiefstem Innern eine Hymne an den Schöpfer“ anstimmen läßt) und der Begierde des Fleisches, der *concupiscentia carnis,* welche das Ehepaar zügelt und welche die darum um so höher zu schätzenden enthaltsamen Männer und Jungfrauen gar nicht gebrauchen. Erst im Himmlischen Jerusalem, zu dem Taufe und katholische Kirche führen, im Gottesstaat gibt es Erfüllung und Befreiung.

Wenn nun die Väter kaum je die geschöpfliche Gleichrangigkeit von Mann und Frau verkündeten, ist zu fragen, wie wir das heute abweichende Verständnis vertreten können. Haben wir uns da in moderner Autonomie selbständig gemacht und von den Quellen entfernt? Nun, wir haben uns der modernen Naturwissenschaft, den heutigen Einsichten von der biologischen Beschaffenheit des Menschen geöffnet, wissend, daß es in der Schrift nicht um Vermittlung eines naturwissenschaftlichen, so oder anders beschaffenen Systems, sondern um die Offenbarung gelebten Glaubens geht. Die Offenbarung ist an kein bestimmtes naturwissenschaftliches System gebunden.

Doch ehe wir uns, auf die Gleichrangigkeit der Geschöpfe bezogen, der Urquelle, der Heiligen Schrift zuwenden, sei doch noch eine – vermeintliche oder wirkliche? – Hürde der Tradition zur Sprache gebracht: der große Thomas von Aquin. Es wird den kundigen Leser, die kundige Leserin nicht verwundern, daß ich (die ich übrigens auch durch die Begegnung mit seinen Schriften, mit seiner Lehre über die Wahrheit und den absoluten Vorrang des Gewissens zur katholischen Kirche gefunden habe) mich auf das hinreißende Buch Otto Hermann Peschs[18] stütze. Lakonisch zitiert er Mannes Dominikus Koster, der zu den Studenten sagte: „Von drei Dingen hat Thomas von Aquin nichts verstanden: von der Kunst, von Kindern – und von Frauen!" Und so hatte er an dem Thema auch kein besonderes Interesse. Ganz im Sinne der Zeitgenossen (wir sind im 13. Jh.!) ist die Frau von Natur aus dem Manne unterworfen, der Mann verfügt über mehr Unterscheidungskraft der Vernunft als die Frau. „Lehren aber und Überzeugen als öffentliches Amt in der Kirche ist nicht Sache der Untergebenen". Gal 3,28 bezieht sich für ihn auf den von Gott erleuchteten Geist, und der kennt keinen Geschlechtsunterschied. Pesch stellt fest: „Klar, daß unter solchen Umständen eine Priesterweihe für Frauen gleich gar nicht in Betracht kommt. Der alte Thomas hat sich dazu zwar nicht mehr äußern können – die STH *(Summa Theologica)* ist vor der geplanten Behandlung der Priesterweihe im Sakramenten-Traktat ja abgebrochen worden. Aber schon der junge Thomas läßt keinen Zweifel: Die Frau kann in ihrer naturgemäßen Unterordnung unter den Mann gerade das nicht ‚bezeichnen', was das Sakrament der Weihe ... bezeichnen soll: einen herausgehobenen Rang *(eminentia gradus)*. Thomas lehnt darum auch die umlaufende These ab, die Frau sei nicht *wesensmäßig* weiheunfähig, sondern nur aufgrund einer „Notwendigkeit des Gebotes" *(de necessitate praecepti)*, also aufgrund rechtlicher Regelungen"[19]. Da hören wir doch die Töne heutiger Diskussionen. Dieses „wesensmäßig" ist zwar aus der Debatte verschwunden, aber dennoch berufen sich viele auf diese, zweifellos zeitgebundene Aussage. Offenbar empfinden viele die rechtlichen Regelungen als nicht aufhebbar. Seltsam.

Im Mittelalter galt unverändert die aristotelische Zeugungsbiologie, die den Wesensunterschied fundierte. Pesch hebt hervor, wie gerade im Vergleich mit Zeitgenossen bei Thomas sich immer wieder „das Evangelium anmeldet", wie aber in der Wirkungsgeschichte „die, die sich auf Thomas beriefen, statt auf diese kleinen Siege des Evangeliums, auf die Reproduktion des Zeitgeistes eingegangen sind"[20]. Wenn Thomas auf den Einwand „Gelegenheiten zur Sünde sind auszuschalten ... Also durfte er (Gott) keine Frau erschaffen" fast donnernd antwortet: „Wenn Gott alles, was der Mensch als Anlaß zur Sünde genommen hat, aus der Welt entfernt hätte, wäre das Universum unvollkommen geblieben", so ist das doch nicht der Kernpunkt seiner Aussage. Ihm geht es darum zu belegen – entgegen Aristoteles –, daß die Frau „wesentlich zur menschlichen ‚Gesamtnatur'" und deshalb „zur Erstabsicht des Schöpfers der Natur, also Gottes" gehört. Sie ist „in ihrem grundlegenden Gottverhältnis unterschiedslos und einschränkungslos dem Manne gleich ...: beide sind Ebenbild Gottes. Die Frau ist darum auch aller Gnadengaben fähig, unabhängig von den gesellschaftlich und kirchlich auferlegten Einschränkungen, also insbesondere auch fähig zur Prophetie"[21].

Und es ist auch erwähnenswert, daß Thomas, wenn es um die Erschaffung der Frau aus der Rippe geht, Gedanken anführt, die wir heute auch aus Äußerungen von Rabbinen zur Zeit Jesu kennen: „Denn die Frau soll nicht ‚über den Mann herrschen' (1 Tim 12), daher wurde sie nicht aus dem Kopf (des Mannes) gebildet. Sie darf aber auch nicht vom Manne verachtet werden, als sei sie ihm wie eine Sklavin unterworfen; daher wurde sie nicht aus seinen Füßen gebildet." Zwischen ihnen soll Gemeinschaft bestehen: „Sie sollen sich ‚unzertrennlich angehören' und ‚das ganze Leben zusammenbleiben'. Sie sollen in ‚höchster Freundschaft' verbunden sein."[22]

Pesch zieht eine Folgerung, die für unser weiteres Nachdenken nicht unwichtig ist: „Sei vorsichtig, wenn du dich auf große Autoritätem der Vergangenheit berufst! Niemand, weder Paulus noch Thomas, noch Luther noch irgend jemand hat die Wirkungsgeschichte seiner Worte in der Hand ... Es ist aktenkundig, daß man noch ... vor wenigen Jahrzehnten zwar die biologischen Vorstellungen des Thomas für obsolet erklärte und trotzdem immer noch glaubte, aus den daraus gefolgerten Konsequenzen philosophischen und theologischen Nektar saugen zu können."[23]

In der Tat: Bei kaum einem Thema wie bei dem unseren spielt die Wirkungsgeschichte eine solche Rolle. Nehmen wir die Schöpfungsgeschichte. Im zweiten, älteren Schöpfungsbericht (Gen 2,18–23) lesen wir, wie Gott Adam (und das ist nicht irgendein männlicher Vorname, „adam" heißt auf Hebräisch vielmehr „Mensch") in einen Tiefschlaf fallen läßt und aus seiner Rippe die Frau baut. Nun kann der Mensch ausrufen: „Das ist endlich Bein von meinem Bein und Fleisch von meinem Fleisch. Diese soll Weib, *issah,* heißen, weil sie vom Mann, *is,* genommen ist."

Dieser Abschnitt hat in der gesamten Literatur des Orients nicht seinesgleichen. Die Textforschung hat uns seine Besonderheit und Schönheit noch tiefer erschlossen. Mag es im Atrachasis-Mythos vergleichbare Passagen geben, so geht es dort um die Frau als Mutter, hier aber um die ebenbürtige Partnerin. Es heißt: Gott *baute* die Frau aus der Rippe. Dieses Wort, hebr. *bânâh* = bauen, „wie es im jahwistischen Schöpfungsbericht nur ein einziges Mal bei der Erschaffung der Frau durch Jahwe verwendet wird", bezeichnet eine handwerklich-künstlerische Tätigkeit, „... das Verb wird dann auch bereits in assyrischen Texten für das Bauen des Tempels verwendet ..."[24]

Der jüngere, in der Bibel zuerst angeführte Schöpfungsbericht (Gen 1,27) läßt keinen Zweifel: „Und Gott schuf den Menschen nach seinem Bilde, nach dem Bilde Gottes schuf er ihn, als Mann und Frau schuf er sie." Gottebenbildlichkeit wird nur in der Existenz beider, des Mannes *und* der Frau, ahnbar. Man sieht: Die Bibel ist nicht „sexistisch". Die männlichen Interpreten sind es, die in der Wirkungsgeschichte der Botschaft eine bestimmte Richtung gaben, die Geschichte „vermännlichten".

Ein köstliches Beispiel sei hier angeführt. Das Buch der Sprüche, wichtigstes Werk der Weisheitslehre Israels, schließt mit dem berühmten Lob der starken, tüchtigen Frau, die sich auch um die Elenden kümmert und mit ihrer Arbeit im Haus öffentliches Ansehen gewinnt. Im hebräischen Text treten am Ende ihre Söhne auf und preisen sie glücklich, und ihr Gatte erhebt sich und rühmt sie: „Spendet ihr (Lob) von der Frucht ihrer Hände; so preise man in den Toren (also öffentlich!) ihre Werke". Das verkraftete die Septuaginta nicht. Sie rühmt statt dessen diesen Mann, der eine solche Frau an seiner Seite hat. Hier geht die Freude an der Gegenseitigkeit verloren ...

Aus der Schöpfungsgeschichte läßt sich eine Ungleichwertigkeit von Mann und Frau jedenfalls nicht herleiten. Und das heutige Bekenntnis zur Gleichrangigkeit befreit von jahrhundertelanger Diskriminierung. In „Christi fidelis laici" freilich klang es so, als habe die Kirche stets solchen Diskriminierungen entgegengewirkt. Nein, da hilft kein Leugnen, sie hat sie mitvollzogen, und es gereicht ihr doch zur Ehre, daß sie sich davon befreit hat. Auch für das Thema dieses Buches wird auf Dauer gelten: Im Wandel wird der Kern der Botschaft bewahrt ...

II

Der Umgang mit der eigenen Geschichte

Mit dem Wandel hatte es unsere Kirche in den letzten Jahrhunderten nicht besonders eilig. Ob Judenemanzipation, Bauernbefreiung, Frauenbewegung, demokratische Meinungsfreiheit, unsere Kirche war nicht die erste Kraft, dies zu bewegen. Die Juden Roms, von Napoleon befreit, wurden von der päpstlichen Herrschaft 1870 wieder ins Ghetto gesperrt, und es gehört zu den wichtigsten Bewegungen unserer Zeit, daß Papst Johannes Paul II. nicht nur die römische Synagoge besuchte, sondern die diplomatischen Beziehungen herstellte, daß Theologen vom Range eines Erich Zenger uns die Psalmen als Gebete Jesu lesen und den Gott Abrahams und den Vater Jesu als *einen* begreifen lassen.

Die Bulle „Mirari vos" Gregors XVI. verdammte es 1832, im Jahre des Hambacher Festes, als „Wahnwitz, daß jeder Gewissensfreiheit haben müsse", und nannte Denk- und Redefreiheit als Übel, zu dem auch „jene schändliche, nicht genug zu verabscheuende Freiheit der Presse" gehöre, „die einige zu fordern wagen". Heute ist unsere Kirche in mehr als einem unterdrückten Land selber zur Stimme der Freiheit geworden. Der Wandel in den Ländern, die unter der Sowjetherrschaft litten, wäre zweifellos ohne sie nicht zustande gekommen. Und in der Konzilserklärung über die Religionsfreiheit, „Dignitatis Humanae", wird die Stimme der Freiheit als Kennzeichen personaler Würde unüberhörbar deutlich.

Wie oft ist in unzähligen theologischen Aufsätzen die Veränderung des Verständnisses vom Sklaventum dargestellt worden. Paulus geht es einmal (im Brief an Philemon) ganz konkret um einen Sklaven, der seinem Herrn davongelaufen war und vom Apostel zum Christentum bekehrt worden ist. Ansonsten jedoch (Gal 3,26–28; 1 Kor 12f und 1 Kor 7,17–23) geht es Paulus nie um soziale Veränderung. Entscheidend ist, wie der Mensch, der Sklave, vor Gott und zu Christus steht. „In dem Stande, in dem er berufen wurde, darin soll ein jeder bleiben. Bist du als Sklave berufen? Laß dich's nicht kümmern. Aber auch, wenn du frei werden kannst, bleibe erst recht dabei, oder: so bleibe um so lieber dabei" (so die Übersetzungen von Piper und Conzelmann). Luther übersetzt: „so nutze die Möglichkeit". Folgen wir den Exegeten, so steht im Griechischen etwa „Sklave, berufener Du, was soll's. Kannst du gar Freier werden, gebrauchs mehr." Das wird nun – Wirkungsgeschichte – einmal auf den Sklaven, einmal auf den Freien bezogen. Doch, sozusagen die Spannung der Übersetzer auflösend, heißt es im Text weiter: „Ist doch der im Herrn berufene Sklave ein Freigelassener des Herrn; ebenso ist der als Freigeborener Berufene ein Sklave Christi. Ihr seid teuer erkauft; werdet keine Menschenknechte!" (1 Kor 7,20–23).

Aus diesem Text ist lange die Berechtigung für das Instrument der Sklaverei hergeleitet worden. Davon will unsere Kirche, und wir in und mit ihr, heute nichts mehr wissen. Bei der Frau allerdings verweist die Kirche, wenn es um die Gleichheit in der Heilsordnung geht, immer noch aufs Himmlische Jerusalem, und sie tut sich auch schwer, noch schwerer als beim Zugeben des Unrechts im Zusammenhang mit der Christianisierung Lateinamerikas, ihren Anteil an der Diskriminierung beim Namen zu nennen.

Das Schicksal des US-amerikanischen Frauenhirtenbriefes belegt diese Feststellung. Gerade in seinem Scheitern ist dieser Hirtenbrief Zeichen für die Situation unserer Kirche, Zeichen wohl auch für eine Polarisation innerhalb der dortigen Bischofskonferenz, aber wohl nicht nur dort …

Nach *acht* Jahren engagierter Arbeit erhielt der vierte Entwurf im November 1992 nicht die erforderliche Zweidrittelmehrheit. Nach dieser Ablehnung des Briefs kam es dann zur Entscheidung, den Text als Bericht der federführenden Kommission zu veröffentlichen und ihn dem geschäftsführenden Ausschuß der Bischofskonferenz zur weiteren Behandlung zuzuleiten.

Die Stationen, über die sowohl in der Herder-Konferenz wie in der Zeitschrift „Orientierung“ mehrfach berichtet wurde, lassen sich kurz so zusammenfassen[25]: Der erste Entwurf „Partners in the Mystery of Redemption“ war nicht wie ein üblicher Hirtenbrief angelegt. Er brachte in vier Komplexen (Geschlechteranthropologie, partnerschaftliche Beziehungen, Stellung in Gesellschaft und Kirche) Fragen von Frauen zu Gehör. Rom fielen die lehramtlichen Antworten zu schwach aus. Der zweite Entwurf „One in Christ Jesus“ nahm die Stimmen der Frauen zurück. Inzwischen war in Rom „Mulieris dignitatem“ erschienen, und es war nicht mehr wie im ersten Entwurf erwähnenswert, daß die Apostolin Junia in der Wirkungsgeschichte durch Junias verdrängt worden war. Zwischen dem zweiten und dem dritten Entwurf liegt dann die Wende: Die Stimmen und Fragen der Frauen, die Gedanken der Frauenbewegung interessieren nicht mehr; Kritik an der Kirche verstummt, das Lehramt spricht. Eine Sonderkonferenz im Frühjahr 1991 von Kurienvertretern und US-Bischöfen war nicht ohne Wirkung geblieben. Nun heißt es, daß „Frauen dankbar anerkennen, von zahlreichen Priestern darin ermuntert worden zu sein, an allen liturgischen Diensten teilzuhaben, die nicht die Weihe zur Voraussetzung haben“[26].

Das ist die Sprache, die wir Frauen nicht länger ertragen. Herablassend, gewährend, von oben herab. Eigeninitiative? Die kann es nicht geben. Frauen müssen „ermuntert“ werden, sie haben „dankbar“ zu sein.

War im zweiten Entwurf noch recht ausführlich von der „inclusive language“ die Rede, wurde jetzt auf die anthropomorphe Sprache der Schrift und der Lehraussagen hingewiesen, die „nicht wörtlich“ zu nehmen seien, „so als wäre Gott mehr männlich als weiblich“; man hält zwar das Ersetzen von Wörtern wie „Brüder“ für möglich, betont aber den normativen Charakter auch der Sprache. Und vom „christlichen Feminismus“ ist überhaupt nicht mehr die Rede. Der vierte Entwurf zeigt dann abermals ein verändertes Gesicht. Die Ausführungen zu sexualethischen Fragen sind enorm ausgeweitet. Aus dem Aufruf des ersten Entwurfs „Wir rufen das Volk Gottes auf zu individueller und kollektiver Reue für die Sünden des Sexismus, die die grundlegenden Lehren unseres Glaubens verletzt haben“ sowie der Feststellung „Sexismus ist ein moralisches und soziales Übel“ ist im vierten Entwurf ein „Sammelbegriff für allerlei vor allem Frauen betreffende sittliche Übel innerhalb der Gegenwartskultur“ geworden. Zu Recht bemerkte Bischof Lucker von New Ulm (Minnesota) kritisch, daß dies kein Frauenhirtenbrief mehr sei, denn Sexualethik beträfe doch wohl Männer wie Frauen. Auch die Gleichheit, die „equality", wird im vierten Entwurf immer mehr relativiert. Allzuviel Gleichbehandlung „am Arbeitsplatz, im Militär, in den sozialen Beziehungen, auch in der Familie" wird abgelehnt. Und Beispiel für die „sexistische Ausbeutung" von Frauen ist der Hinweis auf die „– ohne Unterscheidung nebeneinandergestellt – Empfängnisregelung und Abtreibung"[27].

Am deutlichsten aber sind die Veränderungen, und das hat mit unserem Thema zu tun, die das Verhältnis zum Amt betreffen. War anfangs von „Frauen und priesterlichem Dienst" die Rede, so wurde jetzt „Inter Insigniores" betreffend festgestellt, „daß nicht wenige Katholiken, einschließlich Exegeten, Anthropologen und systematische Theologen, nicht alle ... vorgebrachten Argumente überzeugend fänden". Und der Hinweis schloß sich an, daß weitere Studien „u. a. zur Klärung der Identifikation des Vorstehers der Eucharistiefeier und aller Teilnehmer an ihr mit Christus" notwendig seien. Kam die Thematik im dritten Entwurf kaum mehr vor – hoffte man, sie würde unter den Tisch fallen? –, so wird sie im vierten Entwurf wieder breit aufgegriffen, und zwar mit dem Ziel, den Ausschluß der Frauen vom Priesteramt mit Blick auf die „sakramentale Natur des Priestertums" ausführlich zu rechtfertigen. Nur über das Diakonat und die Beauftragung als Lektor solle weiter reflektiert werden. Die „Frauenfrage" war aber inzwischen (keineswegs nur durch den Beschluß der Church of England vom 15. November 1992, Frauen zur Priesterweihe zuzulassen) derart „politisiert", daß der Chicagoer Erzbischof Kardinal Joseph Bernardin immer wieder darauf aufmerksam machte, ein Nein bei der Abstimmung über diesen Hirtenbrief würde als Votum verstanden, „daß in der Ordinationsfrage das letzte Wort noch nicht gesprochen ist". Er schlug vor, nicht abzustimmen, doch lief es dann, wie oben geschildert.

Erzbischof Rembert Weakland (Milwaukee, Wisconsin) kommentierte in der New York Times am 6. Dezember 1992: „Die Kirche ist an einem Wendepunkt angelangt, und die Rolle, die Frauen in ihr spielen, könnte so etwas sein wie ein neuer Fall Galileo Galilei ... Die Kirche könnte versuchen, in ihr altes romantisches, mittelalterliches Modell zurückzufallen ... Sie könnte aber auch die neuen Einsichten der Anthropologie, Psychologie und Soziologie akzeptieren und weiterentwickeln, sich die verblüffenden Entdeckungen der Wissenschaft zu eigen machen und eine zunehmend wichtiger werdende Führungsposition in der neuen globalen Kultur einnehmen."

Vier Tage danach entgegnete Kardinal John O'Connor, Erzbischof von New York, scharf ablehnend. Und er meinte: „Erzbischof Weakland ist optimistisch, was die Möglichkeit angeht, zwischen Kirche und Welt eine kulturelle Harmonie zu schaffen. Ich tendiere eher zu der Annahme, daß wir uns auf Jahre hinaus in einer Konfrontation befinden ... Ich glaube zutiefst, daß die katholische Kirche sich heute wie eine Gegenkultur *(countercultural)* verhält und dies auch weiter tun muß. Wir lehren mehr oder weniger das genaue Gegenteil dessen, was die Welt uns sagt."[28]

Das sind in der Tat die einander gegenüberstehenden Haltungen. Was der Erzbischof von New York vertritt, geht für mich nicht zusammen mit dem immer neuen Anruf unseres Gottes, zum Aufbruch bereit zu sein. Das widerspricht der Botschaft, die an Jonas ergeht, das ist die Absage an die Bereitschaft, dies Ninive als *unsere* Stadt zu begreifen. Das ist auch Absage an die Aufforderung des Konzils, die Zeichen der Zeit aufzunehmen, weder ihnen besinnungslos nachzulaufen, noch sie als feindliche Gegenmacht abzuwehren. Papst Paul VI. stellte in seinem ersten Rundschreiben „Ecclesiam suam", sozusagen seiner Regierungserklärung, fest, daß „unser Streben … nach Vervollkommnung", also unser Bemühen als Christen zu leben, „auch von außen her durch die Bedingungen angespornt (wird), unter denen die Kirche ihr Leben entfaltet". Vertiefend fährt er dann fort: „Die Umwelt beeinflußt und bedingt auf tausend Weisen das praktische Verhalten der Kirche, denn sie ist bekanntlich nicht von der Welt getrennt, sondern lebt in ihr." Nachdrücklicher läßt sich kaum gegen die Absage des New Yorker Bischofs argumentieren. Wenn die „Welt" heute die Mündigkeit des Menschen, Mann wie Frau, vertritt, dann sagen wir nicht das Gegenteil. Wir bekennen uns zu dem auf breiter innerkirchlicher Zustimmung beruhenden Zeugnis, daß für uns Mündigkeit Antwort auf die von Gott begründete Freiheit des Geschöpfes ist. Das ist Absage an dumpfen Gehorsam ebenso wie Absage an sich isolierende Autonomie.

In alten Notizen, im Zusammenhang mit einer Vorbereitung auf eine Sitzung der Würzburger Synode (1971–1975) finde ich, säuberlich abgeschrieben, ein Zitat aus dem Buch Kardinal Ratzingers „Das neue Volk Gottes": „… daß so manche Normen wohl eher dazu beigetragen haben, das Jahrhundert dem Unglauben zu überlassen, als es davor zu retten; daß sie (die Kirche) mit anderen Worten mitunter zu wenig Vertrauen in die sieghafte Kraft der Wahrheit setzt, die im Glauben lebt; daß sie sich hinter äußeren Sicherheiten verschanzt, anstatt der Wahrheit zu vertrauen, die in der Freiheit lebt und solche Behütung gar nicht nötig hat" (S. 265). Paßt das nicht auch zu unserem Thema?

Und wenn wir nun meinen feststellen zu müssen, daß es gegenwärtig um diese „sieghafte Kraft" nicht zum besten bestellt ist, daß Defensive, ängstliches Bewahren und Einfordern von Gehorsam vertreten werden, dann hilft mir, was Hans Küng in seinem kleinen, lesenswerten Büchlein „Credo" ausgeführt hat: „Kirche ist auf keinen Fall gleichzusetzen mit ‚Hierarchie'. Im Neuen Testament erscheint grundsätzlich ein anderes Wort: ‚Diakonie'. Und Diakonie meint ‚Dienst'. Und glücklicherweise gibt es nicht wenige Seelsorger auf allen Stufen, die als Diener ihrer Gläubigen glaubwürdig sind.

Und noch ein Zweites: Nach dem Apostolischen Glaubensbekenntnis brauchen Christen nicht ‚an' die Kirche zu glauben. Wirklich nicht? Nein ... schon im Apostolischen Glaubensbekenntnis steht: ‚Ich glaube *an* Gott, *an* Jesus Christus, *an* den Heiligen Geist', aber dann: ‚ich glaube die Kirche'. Aufschlußreich ist besonders die ursprüngliche dritte Tauffrage in der ältesten uns erhaltenen Kirchenordnung (Traditio apostolica Hippolyts von Rom um 215, bedeutend früher also als das Apostolicum). Sie lautet sehr präzis: ‚Glaubst du auch an den Heiligen Geist in der Heiligen Kirche zur Auferstehung des Fleisches?' Das ist in der Tat entscheidend: Ein Christ glaubt *an* Gott und *an* den Heiligen Geist; die Kirche dagegen ist als Menschengemeinschaft nur der Ort, wo der Geist Gottes wirkt oder durch Menschen wirken sollte."[29]

III

Christus wählte die Zwölf, die alle Männer waren ...

Wenn auch im Laufe der Kirchengeschichte hin und wieder die Frage nach dem Priestertum der Frau aufflammte, wenn es auch – meist im Zusammenhang mit der Abweisung wirklicher oder vermeintlicher häretischer Bestrebungen – ausgesprochene Verneinungen gab, ein ernsthaftes theologisches Thema ist die Frage der Ordination von Frauen erst nach dem Zweiten Vatikanischen Konzil geworden. Das Konzil selbst hat zu dieser Frage nichts, wohl aber viel zur Stellung und Würde der Frau, zu ihrer heilsgeschichtlichen Position, zu ihren Aufgaben bei der Gestaltung unserer Welt gesagt.[30]

Unter den Argumenten, die von der Amtskirche gegen eine Ordination von Frauen angeführt werden, steht ganz oben der Verweis auf das Verhalten Jesu, auf die männlichen Jünger, die männlichen Apostel, die ungebrochene Tradition.

Daß diese Argumente, die „Inter Insigniores“ und „Ordinatio Sacerdotalis“ hervorheben, als Begründungen für den Ausschluß der Frau vom Priesteramt wirklich hinreichen, ist vielfach angezweifelt worden.[31]

Die Bibelwissenschaftler sind sich einig: Mit der Wahl der Zwölf, die als symbolische Repräsentanten für die Stämme Israels stehen, will Jesus das neue Gottesvolk begründen. Die Stämme Israels sind nach den zwölf Söhnen Jakobs benannt. In diese Symbolkette paßte keine Frau. Ferner wollte und konnte Jesus keine sozialen Strukturen zerbrechen: Frauen waren damals von der öffentlichen Rede in der Synagoge und vom Zeugnisrecht vor Gericht ausgeschlossen. Jesus hat auch nicht die Sklaven befreit, er war nicht „Sozialreformer", sondern Künder des Gottesreiches. Dazu Joachim Gnilka:

„Die Zwölf um Jesus symbolisieren die Hinwendung zum Gesamtvolk Israel, die Verheißung seiner Rekonstitution, seine Bestimmung für das Heil der kommenden Gottesherrschaft ... Es bleibt anzumerken, daß die Zwölf auf dieser frühesten Stufe noch keine zusätzliche besondere Funktion wahrgenommen haben wie etwa die Teilhabe am eschatologischen Herrschen und Richten des Menschensohnes, wie es später Mt 19,28 par [„Wahrlich, ich sage euch, ihr, die ihr mir nachgefolgt seid, werdet bei der Welterneuerung, wenn der Menschensohn auf dem Thron seiner Herrlichkeit sitzen wird, ebenfalls auf zwölf Thronen sitzen und die zwölf Stämme Israels richten"] zum Ausdruck bringt. Noch beschränkt sich ihre Existenz auf die Darstellung eines prophetischen Zeichens"[32].

Man kann also in bezug auf die Frauen nur ein Nicht-Handeln Jesu feststellen. Die apodiktische Feststellung in der päpstlichen Erklärung („Wenn Christus nur Männer zu seinen Aposteln berief, tat er das völlig frei und unabhängig. Er tat es mit derselben Freiheit, mit der er in seinem Gesamtverhalten die Würde und Berufung der Frau betonte, ohne sich nach den herrschenden Sitten und nach der auch von der Gesetzgebung der Zeit gebilligten Tradition zu richten") übersieht einmal Jesu Willen zum Symbol der zwölf Stämme, zum anderen auch die unterschiedliche Bedeutung von Sitte und Tradition bei solcher Symbolhandlung und bei personenbestimmtem Verhalten zu einzelnen oder Gruppen. Darüber hinaus zieht sie hier aus einem Nicht-Handeln normative Konsequenzen. Wozu das führt, ist leicht zu sehen, wenn man daran denkt, daß Jesus damals nur aramäische Juden berufen hat, Heiden waren nicht dabei. Aus dieser Tatsache zieht – zu Recht – niemand normative Schlüsse. Übrigens zieht die Amtskirche aus der Tatsache, daß Petrus verheiratet war, auch keinen normativen Schluß; sonst müßten die Nachfolger Petri wie dieser verheiratet sein.

Es sei ferner auf die Päpstliche Bibelkommission verwiesen, die – in Vorbereitung von „Inter Insigniores" – 1976 feststellte (was seinerzeit allerdings nicht offiziell veröffentlicht wurde): „Es scheint nicht, daß das NT aus sich selbst allein uns gestattet, in klarer Weise und ein für alle Male das Problem einer möglichen Zulassung von Frauen zum Presbyterat zu entscheiden"[33]. Kurzum: Das Neue Testament gibt keine Antwort auf die Frage der Frauenordination. Es kennt das Thema als solches nicht.

Wohl aber berichtet es von einem immer wieder die herkömmliche Sitte um der Botschaft willen mißachtenden Verhalten Jesu. Wenn er am Sabbat Kranke heilt, nichts gegen das Ährenbrechen einwendet, dann schafft er damit nicht den Sabbat und seine Heiligung ab, er setzt aber Maßstäbe des Umgangs mit der Sitte. Oder nehmen wir die Erweckung der Tochter des Jairus (Mk 5,21–43; Lk 8,40–56; Mt 9,18–26): Jesus soll hier – wie bei der Auferweckung des Lazarus, der des Jünglings von Nain – als derjenige erfahren werden, der den Tod überwindet. Und an diesem, von ihm vermittelten Heil haben alle teil – die Jungen und die Alten, die Männer und die Frauen.

Mt 13,33 und Lk 13,20 lesen wir, fast gleichlautend, das Gleichnis vom Sauerteig: „Das Himmelreich ist gleich einem Sauerteig, den eine Frau nahm und unter drei Maß Mehl mischte, bis das Ganze durchsäuert war." Schauen wir genau hin, was „Mulieris Dignitatem" dazu sagt: „Manchmal kommen *Frauen in den Gleichnissen* vor, mit denen Jesus von Nazaret seinen Zuhörern die Wahrheit über das Reich Gottes erläutert ... In der gesamten Lehre Jesu wie auch in seinem Verhalten stoßen wir auf nichts, was die zu seiner Zeit übliche Diskriminierung der Frau widerspiegeln würde" (Nr. 13). Zupackender, und wohl auch zutreffend, schreibt Luise Schottroff dazu: „Der Einleitungssatz verknüpft beidemal das Gleichnis mit dem Gleichnis vom Senfkorn, das in beiden Überlieferungen voransteht. Diese Verknüpfung bedeutet, daß das Sauerteiggleichnis als Frauengleichnis neben dem Männergleichnis vom Senfkorn verstanden wird"[34]. Das Wachsen des Senfkorns hat so, wie der Prozeß des Durchsäuerns, eschatologische Bedeutung. Und es ist gut, daß Luise Schottroff uns darauf aufmerksam macht, daß hier wie „auch sonst in der Logienquelle (und dem Matthäus- und Lukasevangelium) *Frauenarbeit paarig neben Männerarbeit* gestellt ist. Ein Mann sät ein Senfkorn, eine Frau macht Sauerteig ... in den genannten Evangelienstellen (wird) Frauenarbeit *als Arbeit* gleichrangig neben die Arbeit von Männern gestellt"[35]. Diese Arbeit ist ein Bild fürs Gottesreich. Hilfreich ist in Schottroffs Ausführungen auch die Einsicht in die geschlechtshierarchische Verteilung der Arbeit im Neuen Testament, die die damalige soziale Realität spiegelt: In ihr wurde die Frauenarbeit anders, geringer bewertet, so daß Frauenarbeit in der Regel – und eben auch in der Bibel – „unsichtbar“ bleibt, hingegen die Hände des Hausherrn, selbst das Geleit seiner Gäste zum Tisch, sichtbar sind und auch dann, wenn andere – unsichtbar – die Arbeit verrichteten, die Ergebnisse als Leistung des „Herrn“ dargestellt werden (z. B. Mk 12,1: „Ein Mann pflanzte einen Weinberg, umgab ihn mit einem Zaun, grub eine Kelter und baute einen Turm“).

Anderer Ansicht bin ich jedoch, wenn Schottroff in das Schriftwort nach „ein Mann“ einfügt: „d. h. ein Großgrundbesitzer“. Hier setzt sie die heutige, sichtlich klassenkämpferische Brille auf. Und wenn sie „die symbolische Enteignung der Frauenarbeit Brotbacken ... durch die Rolle des Hausvaters bei der Hauptmahlzeit“ (als der Geber der Nahrung) beschreibt, überzieht sie für mein Verständnis die Deutung nun wahrhaftig. Das „Haus“ war zur Zeit Jesu *die* soziale Ordnungsgröße. Alle Beziehungen, alle Abhängigkeitsverhältnisse sind auf den „leitenden Kopf“, fast immer ein Mann, bezogen. Das Haus (oikos) ist ein Ganzes. Hätte Jesus diese Ordnung mißachtet, wäre er gar nicht verständlich gewesen, hätte er das Gemeinte nicht verkünden können.

Desgleichen vermag ich folgende Aussage nicht zu teilen: „Im Abendmahl Jesu hat Jesus die Rolle des Hausvaters, der das Brot nimmt, segnet, bricht und verteilt (Mk 14,22 par). Damit ist die symbolische Enteignung der Frauenarbeit mit dem Brot Bestandteil des zentralen christlichen Ritus in der gesamten Kirchengeschichte geworden. Erst durch die Beteiligung von Pastorinnen an der Austeilung des Abendmahles hat sich im Protestantismus darin etwas geändert, wenn auch nur vordergründig. Denn die Pastorinnen sind hier genötigt, unkritisiert einen patriarchalischen Ritus weiterzuführen, der dadurch seine Macht behält" (S. 129f).

Wir berühren hier übrigens eine zentrale Stelle in der Auseinandersetzung mit feministischer Theologie. Es ist wichtig, daß die inzwischen weithin akzeptierte differenzierte Sicht der feministischen Theologie sich auch bei denjenigen Gläubigen verbreitet, die wenig theologische Literatur, darunter in der Regel keine feministische, lesen. „Feministische Theologie" ist die Bezeichnung eines „Daches", unter dem sich sehr verschiedene Wohnungen bergen. Die einen stellen das Jesusbild christlicher Tradition, von Kirche ganz zu schweigen, grundsätzlich in Frage, sehen in den regelnden Anweisungen vor allem Unterdrückungsmechanismen, die auf Revolten, auf Widerstand reagierten. Aber es gibt auch jene Theologinnen, die uns die Augen für die mütterlichen Spuren, die weiblichen Wirklichkeiten unserer Kirche öffnen, die uns bereichern, die uns bekunden – ich wiederhole dies bewußt –, daß weder die Bibel noch die frühe Kirche „sexistisch" waren, auch wenn spätere Entwicklungen in der Kirche das Bild veränderten. Und wenn wir heute nicht bloß von den Brüdern, sondern auch von den Schwestern reden – und trotz „Gotteslob" auch von ihnen singen –, dann ist das beglückende Wirklichkeit einer geschwisterlichen Kirche.

Elisabeth Moltmann-Wendel hat zwei Richtungen feministischer Theologie unterschieden: die radikal-feministische, die der patriarchalen Welt kämpferisch entgegentreten, die männlichen Bilder in sich selbst und in Bibel und Kirche zerstören will (ich nenne M. Daly), und die kritisch-feministische, die das emanzipatorische Urgestein im Christentum entdecken und es von seinen Verschüttungen befreien will. Auch innerhalb dieser Richtungen gibt es nicht unerhebliche Unterschiede. Einige Namen seien genannt: E. Schüssler Fiorenza, E. Moltmann-Wendel, A. Jensen, E. Gößmann, I. Raming; mit schärferer Gangart: C. Halkes, L. Schottroff, R. R. Ruether, D. Sölle.

Luise Schottroff stellt zur Auslegungsgeschichte, besonders der Gegenwart, kämpferisch fest: „Die herrschende Auslegungstradition kulminiert in einem Jesusbild, das Jesus als den bedingungslos gewaltlosen Mann von dem terroristischen Gewalttäter abgrenzt. Die Gewaltstruktur der patriarchalen Gesellschaften wird dabei aus der Auseinandersetzung ausgeblendet: sowohl der Militarismus als auch die strukturelle Gewalt gegen Frauen, Kinder, Arme, Minderheiten und widerständige Störenfriede des Status quo … Der gewaltlose Jesus (im hier beschriebenen Sinne) und die Frauen, die sich ihrer gewaltlosen Rolle im Patriarchat einfügen, unterstützen die Täter, sind Rädchen im Getriebe der Mittäterschaft. Die Unschuld des gewaltlosen Jesus ist eine Illusion."[36]

Das erschreckt mich. Da wird aus der Botschaft des Heils, das in *jeder* Gesellschaftsordnung verkündet werden muß, ein Programm der Sozial- und Gesellschaftsreform. Da werden auch geschichtliche Situationen, von denen sich keiner total befreien kann, nur aus heutiger Sicht beurteilt. Ich bestreite nicht, daß aus der Botschaft des Christentums Reformansätze entstehen können und müssen, nur: Glaube ist mehr als Sozialpolitik. Hier wird aus feministischer Leidenschaft Jesus durchaus sexistisch als Mann fixiert. Er aber ist *Mensch* geworden, und das Abendmahl ist nicht ein „patriarchalischer Ritus", sondern ist alle Menschen umfassendes Mahl der Hingabe und Liebe. Und Jesu „Unschuld" – ein unpassendes „Mädchen-Wort" für sein Freisein von Schuld – ist nicht Illusion, sondern Botschaft der Menschwerdung.

Seltsam, wie sich die Gegensätze treffen. Diejenigen, die der Frau das Priestertum verweigern, erklären apodiktisch, wie schon zitiert, „das Symbol des Bräutigams ist männlichen Geschlechts", und verengen die Menschwerdung auf eine Mannwerdung. Und ein nach meiner Überzeugung aggressiv-trauriger Feminismus vollzieht die gleiche Verengung und verwischt so den Kern der befreienden Botschaft.

Ich habe dies erwähnt, damit deutlich wird, zu welchem Verlust solche Verengung führen kann. Meine geliebte jüngere Schwester ist evangelische Pfarrerin. Ich habe sie ebenso vor Augen wie den katholischen Priester, und ich gestehe: Nicht das Mannsein des die Wandlung begleitenden Priesters, nicht das Frausein der Abendmahl spendenden Pfarrerin bewegt mich. Sie sind beide nur Mittler – Zentrum ist die Eucharistie, ist die gewandelte Gabe.

Und es geht bei all meinen Überlegungen darum, daß auch Frauen in der katholischen Kirche davon Zeugnis geben dürfen. Die Tradition hat die Wirkungsgeschichte der zeugnisgebenden Frauen immer wieder ausgeblendet. Wir können und müssen die Spuren ihres Zeugnisses aufsuchen und beschreiben. Wer von uns kennt nicht das Zeugnis des Petrus „Du bist der Messias, der Sohn des lebendigen Gottes" und Jesu Antwort: „Selig bist du, Simon, Sohn des Jonas, denn nicht Fleisch und Blut haben dir das geoffenbart, sondern mein Vater, der im Himmel ist" (Mt 16,16f)? Doch wenn auch in „Mulieris dignitatem" das Zeugnis der Marta „Ja, Herr, ich glaube, daß du der Messias bist, der Sohn Gottes, der in die Welt gekommen ist"

(Joh 11,27) durchaus genannt wird, so war diesem Zeugnis der Marta doch keine Wirkungsgeschichte beschieden. Das hätte in der päpstlichen Schrift erwähnt werden dürfen. Im Johannes-Evangelium steht Marta in der vollen Kraft der Zeugin; doch selbst auf den zahlreichen Bildern der Kunstgeschichte von der Erweckung des Lazarus erscheint sie mehr wie „Beiwerk", nicht wie das Tor zum Tod überwindenden Handeln Jesu. Fragen wir die Christen nach Marta, so fällt den meisten nur die Geschichte von Marta und Maria aus dem Lukasevangelium ein, die fast immer nur oberflächlich als Abwertung von Martas Geschäftigkeit verstanden wird. Bultmann dagegen rechnet die Geschichte von Marta und Maria zu den „biographischen Apophthegmata", zu den Texten „idealen Charakters … weil sie in einer bildhaften Szene eine Wahrheit zum Ausdruck bringen, die über die Situation hinausgreift, so daß diese symbolischen Charakter erhält"[37]. Und bei dieser Geschichte soll deutlich werden: Der Dienst des Wortes hat Vorrang vor dem Dienst des Tisches: „Das Streben nach der Gottesherrschaft hat gegenüber allen anderen Lebensfragen eine absolute Priorität … Und gerade hier ist es dann bemerkenswert, wenn eine *Frau,* Maria, das tut, worauf es für jeden Christen, gerade auch für den Mann, immer wieder ankommt: auf die grundsätzliche Orientierung am Wort Jesu. Die Erzählung macht … die volle Gleichberechtigung der Frau gegenüber dem Wort Jesu, dem Evangelium, deutlich."[38]

Wirkungsgeschichtlich interessant und kennzeichnend ist auch, daß zwar die Frauen die ersten waren, die das „geöffnete Grab" entdeckten, daß zwar unbestritten Maria von Magdala die erste Zeugin des Auferstandenen ist, daß sie als „Apostel der Apostel" gepriesen wurde, daß aber schon Paulus in seinem Brief an die Korinther, als er die Begegnung mit dem Auferstandenen als Grundlage der Verkündigung beschwört, keine einzige Frau nennt: Kephas, die Zwölf, die Fünfhundert Brüder und er selbst, das ist die Reihe der Zeugen (1 Kor 15,5 ff). Und das Brevier, aus dem Priester, Ordensmänner und Ordensfrauen täglich beten, spricht nur von „Jüngern", nicht von Männern *und Frauen* als Zeugen der Auferstehung.

In den Evangelien aber geht es um das Zeugnis, um die Vermittlung der Botschaft, nicht um Rollenfixierung der Geschlechter. Eine der aufregendsten Erzählungen in diesem Zusammenhang ist die von Jesu Begegnung mit der Frau aus Samaria am Jakobsbrunnen in der Stadt Sychar (Joh 4,1–42). Jesu Bitte um Wasser überrascht die Frau doppelt: Zum einen ißt (und trinkt) kein Jude mit einem Menschen aus Samaria, zum anderen redet ein Rabbi niemals mit einer Frau in der Öffentlichkeit. Wir alle kennen die Geschichte, kennen das „johanneische Mißverständnis": Die Frau glaubt, mit dem „lebendigen Wasser" sei das Brunnenwasser gemeint, und Jesu Antwort vom Wasser, „das ins ewige Leben sprudelt", versteht sie als Beendigung ihrer Mühsal, täglich Wasser holen zu müssen. Ein Mißverständnis nach dem anderen überholend, wird die Botschaft aufgebaut: „Aber es kommt die Stunde, und sie ist jetzt da, wo die wahren Anbeter den Vater im Geist und in der Wahrheit anbeten werden" (23), und „Ich bin es, der mit dir redet" (26). Der Ort der Anbetung ist die Gemeinde, nicht der Tempel, und „an diesem Gottesdienst (hat) auch die Frau in voller, gleichberechtigter Weise Anteil"[39]. Diese höchst fragwürdige Frau, mit der Jesus redet, weil es dem johanneischen Jesus nicht um Moral, sondern um Glauben geht, sie läßt den Krug stehen und kündet fortan von ihm. Sie ist Mittlerin, und es heißt: „Aus jener Stadt aber glaubten viele von den Samaritern an ihn auf das Wort der Frau hin“ (39). Auch wenn es schließlich, nachdem Jesus selbst dort zwei Tage bleibt, heißt, daß ihr Reden nun nicht mehr wichtig sei, „da wir ihn selbst gehört haben und nun wissen: Er ist wirklich der Retter der Welt“ (42), so löscht das ihre erste Vermittlerrolle nicht aus.

In der Urkirche ging es um Verkündigung, die Herrschaftsstrukturen „dieser Welt“ gelten nicht unter den Schwestern und Brüdern. Vom „Amt“ war noch keine Rede, es sollte sich aus den Anfängen erst Schritt für Schritt entwickeln.

Doch fragen wir weiter nach den Aposteln und ihren Nachfolgern. Die Beweisführung derer, die sich auf die Apostel berufen, um das Priestertum der Frau abzulehnen, hätte mehr argumentative Kraft, wenn der Kreis der Jünger mit dem der Apostel identisch wäre und wenn die Apostel Bischöfe als ihre Nachfolger formal eingesetzt hätten. Der Begriff „Apostel“ ist aber im Neuen Testament nicht einheitlich. Bei Lukas wird die Gleichsetzung versucht, in den Paulusbriefen ist der Kreis viel weiter gesteckt.

Lassen Sie uns dazu Peter Hünermann ausführlich zitieren: „Die auch im ‚Katechismus der Katholischen Kirche‘ unterstellte unmittelbare Kontinuität begegnet *gravierenden Bedenken*. Der Katholische Erwachsenenkatechismus der Deutschen Bischofskonferenz formuliert: ‚Anfangs bestand also eine Vielgestaltigkeit der Ämterstrukturen und Bezeichnungen. Doch schon bald gewinnt das Verkündigungs- und Leitungsamt in Fortführung der Tätigkeit der Apostel eine wesentliche Bedeutung. Die Evangelisten, Hirten und Lehrer (vgl. Eph 4,11) sorgen auf dem Fundament der Apostel und

Propheten (vgl. Eph 2,20) für den Aufbau des Leibes Christi, das ist die Kirche. Sie gewährleisten die Kontinuität mit dem apostolischen Ursprung und sollen die Einheit aller Gläubigen fördern (Eph 4,13) ... Diese Entwicklung kam erst in der unmittelbar nachneutestamentlichen Zeit zum Abschluß‘ (Katholischer Erwachsenenkatechismus, S. 296). In diesen noch flüssigen Strukturen der Dienste und Ämter in der frühen nachapostolischen Kirche aber“, so fährt Hünermann fort, „gibt es durchaus Frauen, die mit bedeutenden Aufgaben betraut sind“[40]. Er nennt die Diakonin Phöbe (vgl. Röm 16,1–2), die höchstwahrscheinlich die Überbringerin des Römerbriefes von Paulus war und deren Titulierung als „Diakon der Kirche (Gemeinde) von Kenchrea“ auf einen anerkannten Leitungsdienst verweist. Auf sie werden wir im Kapitel zum Diakonat ausführlicher zu sprechen kommen.

IV

Eine Lanze für Paulus

In Röm 16,7 bittet Paulus: „Grüßt Andronikos und Junia, die zu meinem Volk gehören und mit mir zusammen im Gefängnis waren. Sie ragen hervor unter den Aposteln und sie sind schon vor mir Christen geworden." Dieser Junia ist es, wie Norbert Lohfink einmal bemerkt hat, übel ergangen[41]: Man machte aus ihr einen Junias. Allerdings ist ein Männername Junias für die Antike bis heute nirgendwo nachzuweisen, und bis ins späte Mittelalter hinein scheute sich kein Interpret – Chrysostomos, Hieronymus, Theophylakt u. a. –, diese Frau zu rühmen. In der Neuzeit setzte sich dann (Faber Stapulensis und Martin Luther) die männliche Form durch. Vermutlich nicht aufgrund der Philologie, „sondern aufgrund theologischer Denkgewohnheiten: Nur Männer können ja Apostel gewesen sein!"[42]

Nicht nur die Einheitsübersetzung, selbst meine geliebte „Jerusalemer Bibel" hat noch nicht zur Junia gefunden, obwohl es inzwischen klar ist, daß Paulus eine Frau gemeint hat. Wolfgang Beinert gibt in einer Anmerkung zu seinem Artikel in den „Stimmen der Zeit" (vgl. Anm. 2) an, daß auch Kardinal Ratzinger dies „implizit anerkenne". Und Peter Hünermann sagt deutlich: „Gegenüber älteren Deutungen von Junia als ‚Gemeinde-Apostel' (Gal 1,17.19) ist mir kein bedeutender neuerer katholischer oder evangelischer Römerbrief-Kommentar bekannt, der Junia nicht zu dem eigentlichen Apostelkreis zählen würde"[43]. Junia und Andronikus sind dem missionierenden Ehepaar Prisca und Aquila an die Seite zu stellen. Aber sie ragen unter den Aposteln hervor, hatten offenbar vor Paulus eine Erscheinung des Auferstandenen. Solch eine Erscheinung gab den Auftrag zum Zeugnis, zur Verkündigung. Dies, nicht etwa eine nicht nachweisbare Berufung in das Kollegium der Zwölf, war entscheidend. „Mitarbeiter Gottes" sind sie, und die Behauptung, hier seien unterschiedliche Bezeichnungen angewandt worden, trifft schlicht nicht zu. Prisca wird (Röm 16,3) – übrigens als erste, vor Aquila genannt – mit dem gleichen Aktivitätstitel wie Timotheus in Vers 21 versehen. Prisca und Aquila, aus Rom vertrieben, haben mit Paulus in Korinth zusammengearbeitet und zusammen gewohnt. Dann gingen sie alle drei nach Ephesus. Das Ehepaar blieb dort, Paulus reiste weiter nach Cäsarea. In Ephesus haben die beiden den Missionar Apollos zu sich genommen und ihn „tiefer in den ‚Weg' eingeführt" (Apg 18,26).

Stephanus (1 Kor 16,16) wird das gleiche Sich-Mühen zugesprochen wie den Frauen Maria (Röm 16,6), Tryphäna, Tryphosa und Persis (Röm 16,12). Röm 16 erwähnt unter 29 Personen 9 Frauen. Die „Leute" der Chloë bringen dem Apostel Nachrichten (1 Kor 1,11), Evodia und Syntyche haben mit ihm „im Kampf für das Evangelium gestanden" (Phil 4,2), und Lydia, die Purpurhändlerin aus der Stadt Thyatira, der der Herr das Herz aufschloß, „ließ sich samt ihrem Haus taufen" (Apg 16,14f). Sie war selbständig, Hausvorsteherin (das gab es also auch!).

Das Amt, wie wir es heute kennen – Diakon, Priester

und Bischof –, das sei noch einmal erwähnt, bildete sich endgültig in der zweiten Hälfte des 2. Jahrhunderts aus. Die echten paulinischen Briefe (Römerbrief, die beiden Korintherbriefe, der Galaterbrief, der Philipperbrief, der 1. Thessalonicherbrief und der kleine Philemonbrief) kennen keine formale Amtseinsetzung. Nach dem Tod des Apostels Paulus wird dann, zur Sicherung der Tradition, nachlesbar in den Pastoralbriefen, das Amt auf verschiedene Weise entwickelt. Immer ging es dabei zuerst um die Weitergabe des Evangeliums.

Ganz unstreitig treten in den Paulusbriefen Frauen im Leben der Gemeinden und in der Mission höchst lebendig hervor. Dies betrifft nicht nur die paulinischen Gemeinden, es gilt auch für die hellenistischen Juden- und Heidenchristen. Davon ist freilich an den „katholischen Stammtischen“ selten die Rede, und bei den Gegnern der Kirche noch weniger.

Wer kaum etwas von Paulus weiß, der zitiert jedoch mit Sicherheit sein Wort „Das Weib schweige in der Gemeinde“ und „Es schweige die Frau in der Kirche“, was genauer übersetzt heißt: „Wie in allen Gemeinden der Heiligen, so sollen (auch bei euch) die Frauen in der Versammlung schweigen“ (1 Kor 14,33 f). Und wer ein bißchen mehr von der Bibel kennt, verweist ganz gewiß auf 1 Kor 11, wo der Mann als Haupt der Frau bezeichnet, die Schöpfung der Frau um des Mannes willen begründet und das Schleier-Gebot formuliert wird. Und selbstverständlich wird in diesem Zusammenhang 1 Tim 2,9–15 zitiert, wo es nicht nur um die geziemende Kleidung, vielmehr auch um das Lehrverbot für die Frau und um eine Interpretation der Schöpfungsgeschichte geht, die die Frau geringer achtet, sie als die Verführerin kategorisiert und ihr „Heil“ nur durch das Kindergebären zugesteht. Dann werden auch noch die sogenannten „Haustafeln" apostrophiert, und es steht selbstverständlich fest: Der Mann führt in der Kirche, für das Priesteramt der Frau ist kein Platz. Zu all dem gibt es Berge von Literatur, leidenschaftliche Auseinandersetzungen.

Es hilft, sich zuerst einmal klar zu machen, daß die Timotheusbriefe nicht von Paulus stammen und daß wir zu den Haustafeln einiges an Differenzierung beizutragen haben. Doch jahrhundertelang hielt man die Timotheusbriefe für eine Aussage des Apostels, kümmerte sich nicht um die Widersprüche in den Texten. Ohne Zögern kann ich feststellen: Auch wenn man in unserer Kirche den „Stand der Witwen" (1 Tim 5,3ff) schon lange nicht mehr kennt, niemand mehr von der rigorosen Verneinung einer Wiederheirat dieser Frauen spricht (1 Tim 5,11–12.14), kaum jemand an das vermeintliche Paulusgebot erinnert, Frauen sollten „nicht mit geflochtenem Haarputz und mit Gold- und Perlenschmuck oder Kleiderluxus" (1 Tim 2,9) zum Gottesdienst kommen, so wissen doch alle, eindringlich und selbstverständlich verpflichtend jenes das Reden der Frau betreffende Wort zu zitieren: „Die Frau soll sich stillschweigend in aller Unterordnung belehren lassen. Zu lehren gestatte ich der Frau nicht. Sie soll auch nicht über den Mann herrschen wollen ... Denn Adam wurde zuerst erschaffen, dann erst Eva. Und nicht Adam ließ sich verführen, sondern das Weib ließ sich verführen und übertrat das Gebot. Sie wird aber dadurch gerettet werden, daß sie Kinder zur Welt bringt, sofern sie in Glaube und in Liebe und in Heiligkeit besonnen verharrt" (1 Tim 2,11 ff).

Die Frauen sind hier sowohl in der Schöpfungsordnung wie in der Heilsordnung nur „zweite Wahl", und es ist wohl nicht nötig, noch einmal darzulegen, wie total zeitgebunden diese Aussagen sind und wie hier eine allgemeine Forderung der Unterordnung in Gegensatz zum Reden in der Gemeindeversammlung gebracht wird. Zu Recht haben kompetente Theologen vielfach darauf hingewiesen, daß diese Aussagen kirchenrechtlich, kirchengeschichtlich und im Grundverständnis der Katholiken leider um vieles folgenreicher gewesen sind als alle Aussagen über personale Gleichrangigkeit. Wo aber wird heutzutage auch für das „Kirchenvolk“ deutlich genug die textkritische Situation zur Sprache gebracht? Wo wird Paulus gegenüber den Aussagen des 1. Timotheusbriefes in Schutz genommen? Und zwar in Predigten, in Gesprächskreisen, nicht nur in Akademien? Wo wird klargestellt, daß der Rang der Pastoralbriefe nicht gleichzusetzen ist mit den „echten“ Paulusbriefen, mit den Evangelien?

Gewiß, es gibt antike, griechische wie jüdische Parallelen zum Schweigegebot, und gewiß stellen diese Äußerungen „angesichts der steigenden Emanzipation der Frauen von der hellenistischen Zeit an ... eine konservative Option dar“[44], aber die Begründung aus der Schöpfungsordnung steht, wo immer sie auch herkommen mag, in klarem Widerspruch zur biblischen Botschaft.

Bei Paulus tritt dieser Widerspruch nicht in solcher Härte hervor. Es trifft jedoch zu, daß Paulus, der ja seine Schreiben nicht als lang überlegte Grundsatzerklärungen verfaßte, sondern auf konkrete Situationen, Konflikte, Fragen meist recht spontan antwortete, zuweilen die praktischen Fragen auch von theologischen Grundsätzen her zu lösen versuchte und dabei eben nicht immer völlig Übereinstimmendes sagte.

Lassen Sie uns nun auf die Texte des Korintherbriefes eingehen. Vor aller Einzeldarlegung kann man feststellen, daß sie, daran läßt sich nicht herumdeuteln, in einem gewissen Widerspruch zueinander stehen: In 1 Kor 11 etwa prophezeien Frauen und Männer, nach 1 Kor 14,33 sollen die Frauen schweigen. Hervorragende Interpreten (z. B. Rudolf Pesch, H. J. Klauck, G. Dautzenberg) neigen dazu, den Text 1 Kor 14,33b bis 36 als eine nach-paulinische Interpolation anzusehen, „die der Redaktor der Paulusbriefe bei der Zusammenarbeitung der korinthischen Korrespondenz zu den beiden kanonischen Korintherbriefen ... einfügte. Diese Hypothese läßt sich auch durch traditionsgeschichtliche und historische Überlegungen absichern. Schon die Paulusschüler, die den Kolosser- und den Epheserbrief verfaßt haben, akzentuieren durch die Übernahme der patriarchalisch ausgerichteten Haustafeltradition stärker als Paulus selbst die Unterordnung der Frau. Ein ganz ähnlich gelagertes Schweigegebot ... findet sich in den späten pseudepigraphen Pastoralbriefen (1 Tim 2,11 f). Daß die Frau ins Haus gehört und nicht in der Öffentlichkeit auftreten soll, ist ein Standardthema ... bei anderen Autoren (Plutarch z. B.). Solche Ordnungsvorstellungen wurden für das Leben in den christlichen Familien zunehmend rezipiert. Eine gottesdienstliche Praxis, die emanzipatorische Züge aufweist, mußte auf Dauer in unerträgliche Spannung dazu geraten und geändert werden" (H.-J. Klauck)[45].

In Kor 11,2ff geht Paulus mit absoluter Selbstverständlichkeit davon aus, daß Männer und Frauen in der Gemeindeversammlung prophetisch reden. Die von vielen früheren Kommentatoren, Kirchenvätern wie späteren Exegeten, katholischen wie evangelischen, vertretene These, die Frau dürfe im Hausgottesdienst prophezeien, nicht aber in öffentlicher Gemeindeversammlung (also die Unterscheidung zwischen „publice“ und „privatim“), wird heute nirgendwo ernsthaft aufrecht erhalten. Man kann zwar nicht genau erschließen, worum es damals in Korinth ging, aber es handelt sich eindeutig um eine Frage der Gemeindedisziplin. Frauen wollten beim Gebet ihr Haupt nicht bedeckt halten, mag dies nun ein emanzipatorischer Aufbruch gegen geltende Sitte oder nur eine Frage der Mode gewesen sein. Paulus, der die Kleiderordnung gewahrt wissen will, holt grundsätzlich aus und interpretiert die Schöpfung der Frau als abgeleitet: Der Mann ist Bild und Abglanz Gottes, die Frau dagegen Abglanz des Mannes. Und er ist nicht um ihretwillen, sie aber ist um seinetwillen geschaffen. Alle bedeutenden Interpreten stimmen darin überein, daß Paulus mit dieser jüdisch-hellenistischem Verständnis folgenden Argumentation nicht ganz zufrieden ist. Er „unterläuft“ sozusagen nun seinen schöpfungstheologischen Ansatz durch seine Christologie: „Übrigens ist im Herrn weder die Frau etwas ohne den Mann noch der Mann ohne die Frau. Wie nämlich die (erste) Frau vom Manne stammt, so ist wiederum (seither) der Mann durch die Frau: alles aber ist aus Gott “ (11 f). Ganz exemplarisch bricht der Zwiespalt auf, der dann jahrhundertelang gilt: Die in Christus beendete Unterordnung hat keine die gesellschaftlich-soziale Position verändernde Wirkung. „Im Herrn“ sind sie gleichrangig, und das ist hier gewiß nicht eschatologisch zu verstehen. Hier in der Gemeinde, hier, wo Christen zusammenleben, ist die Frau – noch – nicht minderwertig, hier sind Mann und Frau – noch – gleichrangig, aber die Sitte der Verschleierung ist zu beachten. Dautzenberg bechreibt es zutreffend: „Das bedeutet, daß unser

Abschnitt zwei unterschiedlichen Theologien oder Anthropologien Raum gibt. Die erste entspricht den traditionellen patriarchalischen Ordnungsvorstellungen, die zweite der neuen Rolle der Frau in der Gemeinde, im Herrschaftsbereich des Kyrios ... Die theologische Unausgeglichenheit der Argumentation läßt sich nicht harmonisieren! ... Das Nebeneinander unterschiedlicher Argumentationslinien zeigt, daß es Paulus nicht gelungen ist, eine einheitliche theologische Konzeption zum Thema der Gleichwertigkeit von Mann und Frau zu entwerfen und durchzuhalten“[46].

Und wenn wir nun noch 1 Kor 14 hinzuziehen, wo es Paulus um die Ordnung des prophetischen Redens (in Unterscheidung vom Zungenreden) geht und er den Frauen in den Versammlungen das Schweigen verordnet und ihnen rät, wenn sie sich unterweisen lassen wollen, ihre Ehemänner zu befragen, dann stellt sich den Interpreten die Frage, was denn über Jahrhunderte Exegeten veranlaßt hat, nur die eine Seite der biblischen Aussagen zu beachten, vorhandene Spannungen zwischen Aussagen zu übersehen, gesellschaftliche Abhängigkeiten nicht zur Kenntnis zu nehmen und einige Textaussagen als „ius divinum indispensabile“, andere (nur) als „ius ecclesiasticum“ zu werten. Wie intensiv hat „man“ sich immer wieder – vor der heutigen Textkenntnis – auf 1 Tim 2, 12 f berufen: „Zu lehren gestatte ich der Frau nicht ... Denn Adam wurde zuerst erschaffen, dann erst Eva“! Selbst als man – endlich – begriffen hatte, wie falsch hier die Schöpfungsgeschichte wiedergegeben ist, blieb „man“ dabei, die Richtigkeit der damit verbundenen Behauptung über die Frau wie einen Glaubenssatz aufrecht zu erhalten. Die neuen Formen christlicher Gemeinden wurden ganz offenbar als Angriff auf patriarchalische Ordnungen gewertet. Man wollte solch eine „neue Schöpfung" nicht. Dies nun als „Haß" zu definieren, wie es manche Feministinnen tun, überzieht und übersieht die gesellschaftspolitischen Entwicklungen, von denen sich das Christentum, vor allem nachdem es seit Konstantin Staatsreligion geworden war, nicht fernhalten wollte. Mehrere feministische Theologinnen lehnen alle „Abstufungen" der Frauendiskriminierung zwischen dem historischen Paulus und z. B. den Pastoralbriefen vehement ab, gestehen keinen frauenrechtlichen „Kanon im Kanon" zu, erkennen nur „Spuren einer Befreiungsgeschichte innerhalb des patriarchalen Gewaltsystems"[47]. Im Gegensatz dazu halte ich es für ausgesprochen sinnvoll, einige der Anpassungsprozesse der Kirche wahrzunehmen. Sie öffnen die Augen auch für heute unerläßliche Wandlungen. Ich werde daher noch auf die „Haustafeln" eingehen, ein wenig in die frühe Kirchengeschichte, die eine Entwicklung zur „Männerkirche" ist, hineinschauen und zum Diakonat der Frau Stellung nehmen.

V

Die Haustafeln und unser Thema

Martin Luther setzte 1529 im zweiten Anhang seines „Kleinen Katechismus“ die Überschrift: „Die Haustafel etlicher Sprüche für allerlei heilige Orden und Stände dadurch dieselbigen als durch eigene Lektion ihres Ampts und Diensts zu ermahnen“[48]. Lassen Sie uns die wissenschaftliche Erörterung beiseite schieben, welche Texte nun unter der Überschrift „Haustafel“ zu fassen sind, ob die von Luther genannten sechs (Röm 13,1 bis 2.4.9; Kol 3,19; Eph 6,1–3.4.5–8.9; 1 Petr 3,1.6; 5,5–6; 1 Tim 3,2–6; 5,5–6 und Tit 1,6–9) oder, den Titelzeilen folgend, Kol 3,18 – 4,1 und Eph 5,22 – 6,9 oder, wie Martin Dibelius vorschlug, auch noch der erste Clemensbrief, der Barnabasbrief und die Didache. Diese Debatte spielt für unser Thema nur eine nachgeordnete Rolle. Uns geht es um das Thema der Unterordnung und um die Position dieser Texte im kultur- und religionsgeschichtlichen Zusammenhang der damaligen Zeit. Es wird niemanden überraschen, daß Theologinnen, die die Bevormundung nicht länger hinzunehmen bereit sind (wie E. Moltmann-Wendel, M. Daly, C. M. Halkes, L. Schottroff), sich mit diesen Texten beschäftigt haben. Aber auch Theologen wie K. Lüthi, K. Thraede oder der schon zitierte Karlheinz Müller haben sich mit ihnen befaßt. Die einen sehen in den

Haustafeln Unterdrückungsinstrumente, die andern beurteilen sie als beschämende Zeugnisse von Anpassungswilligkeit, und die dritten versuchen, sie im Zusammenhang mit der griechischen, römischen, jüdischen Tradition zu sehen, und interpretieren die nachpaulinischen Zeugnisse – von den feministischen Theologinnen z. T. scharf kritisiert – im Sinne eines „christlichen Liebespatriarchalismus". Unbestritten aber ist zu erkennen, daß in den Haustafeln eine patriarchalische Ordnung, die offenbar in Frage gestellt wurde, verteidigt wird. Halten wir uns an den Kolosserbrief, so ist das Muster klar erkennbar: Frauen, Kindern und Sklaven wird die Verpflichtung zur Unterordnung unter den Mann, den Vater, den Herrn als ethische Verbindlichkeit dargestellt. Unterordnung und Gehorsam „geziemen sich" für die Frau, machen die Kinder „wohlgefällig im Herrn", lassen die Sklaven zur Einsicht gelangen, daß ihr weltlicher Gehorsam „dem Herrn" dient und zu seinem Erbe führt.

Für unser heutiges Verständnis ist es nicht unwichtig zu wissen, ob sich hier ein innerchristlicher oder innertheologischer Konflikt widerspiegelt oder ob die Haustafel des Kolosserbriefes – und dieser Auffassung möchte ich mich anschließen – „eine zuerst von Juden und dann von Christen aufgegriffene Parteinahme in einer gemeinantiken Debatte um das sittliche Profil der Familie und des Hauses dokumentiert"[49].

Vielfach wurde die Frage gestellt, woher dieser Katalog ethischer Ermahnungen stamme. Die Geschichte der verschiedenen Interpretationen ist voller „Sprünge". Es hieß, nachdem die Naherwartung des eschatologischen Endes nicht eingetreten war, wollten und sollten die Christen sich im Alltagsleben einrichten. Die Haustafel wurde als ein altes Stück griechischer Volksethik gedeutet, der Umweg über das hellenistische Christentum nicht ausgeschlossen, und man ordnete sie immer wieder der „stoischen Pflichtethik" zu (Dibelius, Weidinger). Die jüngste Forschung widerlegte diesen Zusammenhang eindeutig, fand andere Bezüge, die von „Überinterpretationen" entlasten und die – für uns wichtig – diesen Aussagen nicht den Rang „göttlichen Rechtes" geben: Die Haustafeln des Neuen Testaments werden dem antiken Schrifttum „über die Ökonomie" zugeordnet.[50]

Lassen Sie uns, ohne die textkritische, ohne die textvergleichende Beweisführung der Wissenschaftler hier wiederzugeben, nur das Ergebnis „ernten":

„Es wird diskutabel, die Textfolge Kol 3,18 – 4,1 als Niederschlag einer (zunächst jüdischen, schließlich) christlichen Zustimmung zu einer humanitätswilligen Mittelposition zwischen den damals allgemein in der Frauenfrage aufgebrochenen Fronten zu verstehen ... Im Blick auf konkurrierende konservative Gegenentwürfe der Antike [z. B. Philo, auch Aristoteles] und mit Rücksicht auf zeitgenössische extreme Ableitungen aus dem stoischen Gleichheitssatz bringt sich hier eine verantwortungsvoll ausbalancierte Stellungnahme für ein gemäßigt fortschrittliches und milde humanisiertes sozialethisches Verhaltensmuster zu Wort ... So gesehen spiegelt die Liste der Regeln in Kol 3,18 – 4,1 keine schlechthin gemeinantike Anschauung von hausbezogener Moral wider, sondern eine ganz bestimmte. Es geht um eine unter mehreren Möglichkeiten, für welche sich schon das Frühjudentum entschieden hatte ... *weil* die überwiegend anerkannte Führungsrolle des Mannes als des Hausherrn nicht wesentlich angetastet, sondern lediglich mit den ‚ökonomisch' einsichtigen Ansprüchen der Frau in Einklang gebracht zu werden brauchte. Verdichtet sich aber der Eindruck, daß sich die Haustafel ... bewußt an markant unterscheidbare, zeitgenössische Rezepte für den sozialen Umgang der Zugehörigen eines Hausstandes anlehnt und von dort aus in einer schon antiken Auseinandersetzung – nach zwei Seiten hin mäßigend – Stellung bezieht, so verliert ihr nur schwer zu leugnender ‚Patriarchalismus' von vornherein seine ‚theologischen' Schrecken"[51].

Wir haben es also weder nötig, ein angeblich düsteres Altertum aufzubauen und den Patriarchalismus der Haustafel in ein christliches Freiheitsethos umzuinterpretieren, noch müssen wir diesen Pflichtenkodex mit allgemeiner, überzeitlicher Gültigkeit versehen. Wir können auch davon absehen, hier einen innerchristlichen Richtungsstreit, Kolosser- gegen Galaterbrief, anzusetzen. Daß die Unterordnung unter Berufung auf „den Herrn" gefordert wird, kann nicht weginterpretiert werden. Sie wird zwar durch Liebe gemildert („Ihr Männer, liebt eure Frauen"), und auch den Herren der Sklaven wird gesagt, daß auch sie „einen Herrn im Himmel" haben, aber beides, „die sittlichen Mahnungen selbst *und* die Weise ihrer Bevollmächtigung durch den ‚Herrn' sind Niederschläge *derselben* unwiederbringlich *vergangenen* Denkart"[52].

Wir haben längst begriffen, daß sich keine Gesellschaftsordnung *unmittelbar* vom Herrn ableiten läßt, daß aber aus der Botschaft der Gleichrangigkeit unausweichlich Konsequenzen zu ziehen sind. Linda M. Maloney, die in den christlichen Positionen zwar weniger eine vermittelnde denn eine abwehrende Haltung sieht und feststellt, daß solche „Unterdrückung" nicht nur „von außerhalb der Gemeinschaften, sondern öfter noch auch von innen" kam, bemerkt: „Dennoch ist es den Verfassern der Evangelien gelungen, im Gedenken an die Praxis und die Worte Jesu die ‚gefährliche Erinnerung' an jene Infragestellung zu bewahren und sie als eine lebendige Hoffnung für die Zukunft aufrechtzuerhalten"[53].

In der Tat hat die junge Kirche wenigstens in der ersten Generation die Gemeinsamkeit von Männern und Frauen im Gottesdienst, im missionarischen Zeugnis gekannt. Erst im Verlauf der Geschichte setzte sich wieder die traditionelle Androzentrik durch.

Heute haben wir die Ursprungshoffnung neu entdeckt. Das ist nicht Revolution, das ist Wendung zu den Ursprüngen. Und diese Hoffnung haben wir zu erfüllen – mit allen Konsequenzen für die gesellschaftliche Struktur unserer Kirche. Eine erste Konsequenz – in „Mulieris Dignitatem" ebenso wie in der Stellungnahme der deutschen Bischöfe von 1981 – ist die Aufforderung an die Frauen, in allen Positionen, in allen Aufgaben, die nicht an das priesterliche Amt gebunden sind, tätig zu werden. Hier wäre nun zu fragen, wie es mit Frauen als Leiterinnen katholischer Akademien, als Leiterinnen von Dezernaten in Ordinariaten, als Inhaberinnen theologischer Lehrstühle an katholischen Fakultäten steht. Die Bilanz ist niederschmetternd: eine einzige Ordinariatsrätin in Rottenburg, an einer Hand abzählbare Berufungen von Frauen auf theologische Lehrstühle. Hier wäre etwa über die Weigerung Roms zu sprechen, entgegen bischöflicher Zustimmung die Liturgiewissenschaftlerin Teresa Berger zu berufen; es müßte von der Vorgehensweise Roms, der Rechtlosigkeit und Hilflosigkeit der Beklagten, auch grundsätzlich von der Stellung der Laien als Theologieprofessoren die Rede sein. Da wären die offiziell festgelegten Prozentsätze für Laienprofessoren ebenso wie die „Praktikumsanforderungen" für diese

Laien zu erwähnen, die Arbeitsbedingungen während einer Habilitation usw. Doch all dies sprengte den Rahmen unseres Themas. Natürlich gibt es in der Tat Bischöfe, die sich um eine verbesserte Einbeziehung von Frauen in Leitungsämter und Professuren bemühen. Ich möchte auch nicht übersehen, daß da, wo Frauen in die Begegnung von Laien und Bischöfen voll einbezogen sind (z. B. im „Nachfolgeorgan" der Würzburger Synode, der „Gemeinsamen Konferenz", die aus 15 Bischöfen und 15 gewählten Laien besteht, oder als Beraterin in Bischöflichen Kommissionen), ein partnerschaftlicher Stil längst selbstverständlich geworden ist. Dennoch bleibt festzustellen: In der Übertragung nicht-priesterlicher Leitungsfunktionen an Frauen zeigt unsere Kirche Defizite wie kein anderer Bereich. Selbst die deutschen Hochschulen, in ihren Lehrkörpern wahrhaftig eine „Männergesellschaft", stehen hier mit ihren 3–5% Frauen unter den C-4-Professuren (das ist die höchste Stufe; etwa 10% Frauen, wenn man die C-3-Professuren einbezieht) besser da. Wenn ich dann – per Zufall – erfahre, daß es mehr als eine Diözese gibt, in der keine Teilzeitstellen für Beamtinnen und Beamte im Kirchendienst angeboten werden, dann frage ich mich, wie ernst man die veränderten gesellschaftlichen Bedingungen nimmt und für wie verpflichtend etwa die oben erwähnte Erklärung gehalten wird, die im Namen der Bischöfe abgegeben worden ist. Sollte hier dasselbe Muster gelten, das mir aus der Parteienlandschaft nicht unbekannt ist? Mit hoher Mehrheit beschließt da ein Parteitag die Beteiligung und Aufstellung von Frauen. Doch praktische Wirkung für das tatsächliche Verhalten ist nur ausnahmsweise festzustellen, nach dem Motto: Wir haben beschlossen, also sind wir zu Hause vom Handeln dispensiert. Müßte nicht gerade Kirche beispielhaft zeigen, daß Beschlüsse nicht Handeln ersetzen, sondern zum Handeln verpflichten?[54]

Wenn es, wie soeben vielfach bekundet, um Positionen geht, die nicht die Priesterweihe voraussetzen, dann kann und muß vom Diakonat der Frau die Rede sein.

VI

Zum Diakonat der Frau

Eines kann ich Ihnen, verehrte Leserinnen und Leser, versichern: Die Kirchengeschichte ist lebendig, mag zuweilen als ein großes Durcheinander erscheinen, doch zeigt sich stets die Kraft zur Veränderung, die Intensität des Streitens, und „Einheit" läßt sich nicht als monolithischer Block, sondern als spannungsreiches Gefüge erfahren. Wer aufmerksam hinschaut, kann daraus die Bereitschaft entwickeln oder sich bestätigen lassen, offen für solche Formen des Wandels zu sein, die – der Geschichtlichkeit von Menschwerdung und Auferstehung unseres Herrn entsprechend – in den wechselnden Formen der Zeit den unverwechselbaren und unveränderlichen Inhalt der Botschaft Jesu bezeugen.

Mein eigenes Leben war, im Kleinstformat und gewiß voller Brüche und Inkonsequenzen, immer wieder bestimmt vom Ruf unseres Gottes zum Aufbruch, zur Veränderung. Im Wechsel der christlichen Konfession (1952), im Verlassen des geliebten pädagogischen Amtes für eine politische Funktion (1970/71), im Aufbruch von einem Land, in dem ich, Kriegskind und Zölibatärin, erstmals wieder Heimat und vielfältige Freundschaft gefunden hatte, zu einem anfangs parteipolitisch und gesellschaftspolitisch durchaus als feindselig erfahrenen Moloch Berlin, zu einer Diaspora (1981) und auch in der bewußten Absage an weitere Verantwortung in der Regierung (1989) – immer wieder erfuhr ich die Wirklichkeit des hinreißenden Gotteswortes aus dem Ersten Testament: „Ich zeige dir ein Land …"

Offen sein für den Wandel – im Bewußtsein der Verheißung des Heiligen Geistes: „Und ich will über meine Knechte und Mägde von meinem Geist ausgießen" (Apg 2,18) sowie „Du hast mir kundgetan Wege [nicht feste Stationen!] des Lebens" (Apg 2,28). In diesem Sinne lassen Sie uns nochmals Canon 211 des Codex' unseres kanonischen Rechts (CIC) lesen: „Alle Gläubigen haben die Pflicht und das Recht, dazu beizutragen, daß die göttliche Heilsbotschaft immer mehr zu allen Menschen aller Zeiten [also auch zu den so gelangweilt-desinteressierten, den so wohlstandssatten und den so träumerisch oder verzweifelt suchenden Menschen unserer Tage] auf der ganzen Welt gelangt."

Aus dieser Pflicht heraus gilt es auch zum Diakonat der Frau Stellung zu beziehen. Erinnern wir uns kurz: „Zumindest in Teilen der Alten Kirche hat es mehrere Jahrhunderte hindurch ein diakonales Amt für Frauen gegeben, das in einer sakramentalen Weihe verliehen wurde und in die kirchliche Hierarchie eingliederte."[55]

Springen wir in die kirchliche Gegenwart Deutschlands. Als die Frauenkommission der Diözese Rottenburg–Stuttgart am 15.4.1993 die Zulassung von Frauen als Diakoninnen beantragte, antwortete der Bischof zwar „grundsätzlich wohlwollend", nannte es aber als umstritten, ob sich das Diakoninnenamt biblisch begründen lasse, ob es eine akzeptable kirchliche Tradition gäbe und ob eine solche Aussage mit der Theologie des kirchlichen Amtes zu vereinbaren sei[56].

Von der biblischen Begründung – und ihrer Problematik – wird sogleich die Rede sein. Die kirchliche Tradition wird ebenfalls in ihrer Vielfalt zur Sprache kommen. Ob sich dies allerdings mit der Theologie des Amtes verträgt, das hängt von eben dessen Definition ab. Doch lassen Sie mich die verfügbaren Forschungsergebnisse kurz zusammentragen.

Die biblischen Belege sind rasch aufgezählt: Röm 16 und 1 Tim 3,11. Da geht es zuerst um die Diakonin Phöbe (Röm 16,1–2): Paulus spricht eine *offizielle* Empfehlung aus. Und Phöbe ist nicht nur Helferin, kompetente Theologen sprechen ihr vielmehr ein „kirchliches Amt" zu[57]. Auch sprachlich kann im Griechischen die männliche Form bereits in dieser Zeit mit weiblichem Artikel verwendet werden. Aber gab es zu Phöbes Zeit überhaupt schon ausgeprägte „Ämter"? Dirk Ansorge hält fest: „Vermutlich kann zu diesem frühen Zeitpunkt (um 57) jedoch noch nicht von einem spezifischen Amtsdiakonat der Frau gesprochen werden"[58]. Und damit übereinstimmend erklärt Anne Jensen, es „wäre ein Anachronismus, hier bereits von einer ‚Diakonin' im späteren Sinn zu sprechen"[59]. Wir sind eben doch geschichtlich klüger geworden. Da klang es bei Origines (gest. 253/54) in seiner Interpretation von Röm 16,1 anders. Der Text zeigt „mit apostolischer Autorität, daß auch Frauen in den kirchlichen Dienst *(ministerium)* eingesetzt wurden. Das Amt *(officium)*, in das Phöbe für die Gemeinde von Kenchreä gestellt ist, erwähnt Paulus mit großem Lob und Empfehlung"[60]. Die Kirchenväter sprechen in der Tat mit verschiedenen Stimmen.

In den „Pastoralbriefen" (1. und 2. Timotheus- und Titusbrief), die gegen Ende des 1. Jahrhunderts, mit dem Namenspseudonym des Apostels Paulus versehen, verbreitet wurden, finden sich Teile eines „Ämterspiegels“. Auch wenn es unwahrscheinlich ist, daß hier die Ehefrauen der Diakone gemeint sind (bei den vorher genannten Episkopen, die selbstverständlich verheiratet waren, werden die Ehefrauen auch nicht erwähnt), so läßt sich doch nicht mit letzter Sicherheit entscheiden, ob Diakoninnen in unserem Sinn gemeint sind.

Die Theologen bewerten das Zeugnis unterschiedlich. Gerhard Lohfink: „Der weibliche Diakon taucht nun schon, zusammen mit den Episkopen und den männlichen Diakonen, in kirchlichen Ämterspiegeln auf“[61]. In dieser Linie wertet Lohfink auch den Brief, mit dem Plinius d. J. um 112 aus Kleinasien (Bithynien) bei Kaiser Trajan anfragt, wie er mit den Christen verfahren solle, und dabei bemerkt: „Daher hielt ich es für um so notwendiger, aus zwei Sklavinnen, die als *ministrae* bezeichnet wurden, durch Folterung zu erfahren, was daran [d. h. an dem Gerede über die Christen] Wahres sei. Ich fand nichts als verkehrten, maßlosen Aberglauben“. Für Norbert Lohfink ist es klar: „ministrae“ weist auf eine amtliche Titulatur, und die Tatsache, daß Sklavinnen dieses Amt ausübten, läßt ihn die frühchristliche Gemeinschaft ohne Standesunterschiede begrüßen. Vorsichtiger dazu Dirk Ansorge: „Die Wendung ‚quae ministrae dicebantur‘ läßt offen, ob in ihrer Gemeinde Frauen ein Diakoninnenamt ausübten oder nicht“[62]. Noch deutlicher Anne Jensen: „Diese Sklavinnen wurden offensichtlich von Außenstehenden als Personen wahrgenommen, die im christlichen ‚Verein‘ zum ‚Vorstand‘ gehörten, aber die eigentliche Institution des Diakonats ist noch nicht entwickelt. Im dritten Jahrhundert, als die kirchlichen Ämter sich strukturiert hatten, standen dem Bischof zwei Helfergremien zur Seite: Presbyterat und Diakonat."[63]

Der französische Liturgiewissenschaftler Aimé Georges Martimort erklärt aufgrund des für ihn unsicheren Befundes, „daß es ... in neutestamentlicher Zeit keinen dem männlichen Amt vergleichbaren Diakonat für Frauen gegeben hat"[64]. Für ihn ist deshalb das Amt der Diakonin weder biblisch begründet, noch kann es eine geschichtliche Kontinuität beanspruchen.

Doch so einfach ist das nicht. Gab es denn in diesem Zeitraum ein „vergleichbares männliches Amt"? Läßt sich da so rasch folgern, daß die Diakonin ja nicht zum Klerus gehörte und keinen sakramentalen Ordo empfing?

Das Wort „Klerus" kommt übrigens aus der biblischen Erzählung über die Landverteilung an die Stämme Israels. Das Priestergeschlecht (die Söhne Levis) erhielt kein Land, sondern den „Zehnten". Im altkirchlichen Sprachgebrauch zählen diejenigen zum Klerus, die von der Gemeinde Geld erhalten[65]. Klerus bedeutet in der Frühzeit sehr Unterschiedliches: „(1) ‚Klerus' meint nur Bischof und Presbyter; (2) ‚Klerus' steht synonym für Presbyterium; (3) Diakone, Subdiakone und Lektoren werden zum Klerus gerechnet. Von der Diakonin ist expressis verbis nicht die Rede."[66]

Wer dem Amt der Diakonin eine biblische Begründung abverlangt, fordert, was auch für den männlichen Diakon nicht möglich ist. Denn die Urkirche bestand aus Hauskirchen, in denen man gemeinsam betete und Eucharistie feierte, und aus Männern und Frauen, die missionierend reisten: den Aposteln und Propheten. Die frühe Kirche kennt viele „Stände". So ist die Frage nach dem Amt der Frau durchaus eine ekklesiologische Frage, die sich nicht isoliert beantworten läßt.

Erst im 2., 3. und 4. Jahrhundert entwickeln sich die Ämter[67], deren Grundtendenz als „Sacerdotalisierung" beschrieben wird. Aus Episkopen und Presbytern werden „Priester". Wenn in den Pastoralbriefen und im 1. Clemensbrief, der übrigens die Berufung von Vorstehern *und Vorsteherinnen* kennt und dazu Regelungen aufstellt, vom „Herrn" die Rede ist, kann das nur Gott sein. Bei Ignatius von Antiochien dagegen ist der Bischof bereits Vertreter Gottes, des Herrn. Die Geschichte des Amtes soll hier jedoch nicht entfaltet werden, nur der Hinweis ist unerläßlich, daß erst aus der *allgemeinen* Geschichte der Entwicklung des Amtes Folgerungen auch für die Frau zu ziehen wären. (Inwieweit Ermahnungen jeweils eine konträre Praxis voraussetzen, kann hier ebenfalls nicht genauer erörtert werden.) Lediglich auf die Geschichte des Diakonats möchte ich gerafft eingehen.

Erstmals unstrittig gesichert ist der weibliche Diakonat in der *Didascalia apostolorum*, die um 230 in Syrien entstand. Sie setzt, das ist gegen den oben erwähnten Schluß von Martimort zu sagen, zweifellos eine Praxis der Gemeinden voraus.

In der Didascalia gibt es Diakone und Diakoninnen, sie sind „wie eine Seele in zwei Körpern". Die Diakonin ist, so würden wir heute wohl formulieren, bei der Frauenseelsorge eingesetzt. Bei der Taufe von Frauen entkleidete sie die Frau, salbte sie – es galt ja, wie ein römischer Gladiator den Kampf mit dem Satan zu bestehen –, führte sie zur Taufe ins Wasserbecken, bekleidete sie mit dem weißen Kleid der Neugetauften. Das Sprechen der Taufformel und die abschließende Salbung der Stirn waren dem Bischof vorbehalten. Die

Diakonin hatte wie der Diakon eine vermittelnde Stellung.

Vom 4. Jahrhundert an häufen sich dann die Zeugnisse. Die *Constitutiones apostolorum*, um 380 in Syrien bzw. Antiocheia erstellt, sind eine Sammlung verschiedener Traditionen und belegen daher Unterschiedliches. Die Diakonin ist Mittlerin zu Diakon und Bischof, ist „Abbild des Heiligen Geistes", wenngleich dem Diakon und dem Bischof untergeordnet. Für das Ende des 4. Jahrhunderts sind Diakoninnen „sicher bezeugt in Antiochien, Jerusalem, Cäsarea in Palästina, Kappadokien und Konstantinopel. Im Jahre 535 begrenzt Kaiser Justinian (527–565) die Zahl der an der Hagia Sophia tätigen Kleriker auf 60 Priester, 100 männliche Diakone, 90 Subdiakone, 110 Lektoren, 25 Sänger und 40 Diakoninnen (Novelle 3,1)"[68].

Lassen Sie uns noch kurz auf die so unterschiedlichen Aussagen des Ökumenischen Konzils von Nizäa (325) und desjenigen von Chalkedon (451) eingehen.

Nizäa verbietet die Weihe durch Handauflegen für die häretischen Diakoninnen. Demnach war diese Weihe sonst üblich. Aber es heißt ausdrücklich: „Bezüglich der Diakoninnen, die diese Stellung haben, erinnern wir daran, daß sie keinerlei Ordination *(cheirothesia)* besitzen, sondern in jeder Beziehung unter die Laien zu rechnen sind."[69]

Die Begriffe „cheirotonia" und „cheirothesia" waren noch austauschbar. Erst später unterschied man „Weihe" und „Segnung". Eindeutig aber ist: Die Diakoninnen gehören wie die Jungfrauen und Witwen zum „Klerus", wenngleich nicht zum Priesterstand.

Auf dem vierten Ökumenischen Konzil von Chalkedon, rund 120 Jahre später (451), heißt es dagegen: „Zur Diakonin darf nur eine Frau ordiniert werden, die über vierzig ist [das bedeutete ein Senken des Eintrittsalters um 20 Jahre gegenüber der vorigen Praxis], und auch sie nur nach gründlicher Prüfung. Wenn sie jedoch nach der Ordination *(cheirotonia)* und nach längerer Amtszeit heiratet, so hat sie die Gnade Gottes verachtet und soll exkommuniziert werden, wie auch ihr Partner". Anne Jensen macht aufmerksam, daß hier nicht Kirchenbuße mit Ausschluß von der Kommunion, sondern Kirchenausschluß *(anathema)* gesetzt wird.

Eindeutig haben hier – in dem oft lebhaft geführten Streit – die Kräfte gesiegt, die für die Ordination der Diakonin eingetreten waren. Und Chalkedon belegt die Weihe durch Handauflegen. Die Kirchenhistoriker Sokrates (gest. nach 439, er berichtet über die Zeit von 306–423), Sozomenos (gest. 450, er berichtet über die Zeit von 323–423) und Theodoret (gest. 460, er berichtet über die Zeit von 324–429) kennen Diakoninnen. Im Westen dagegen entwickelte sich das Amt nicht. Mehrere gallische Konzilien „verbieten ab dem 5. Jahrhundert mit Nachdruck ein ‚ministerium leviticum' für Frauen, worunter sie offenbar ein mit dem männlichen Diakonat vergleichbares Amt verstehen"[70]. Im Osten sind Diakoninnen noch für den Zeitraum einiger Jahrhunderte belegt.

Anne Jensen wertet die Entwicklung so: „Im Rückblick sind die Konturen der Diakonin in der Mitte des 5. Jahrhunderts beeindruckend ... Eine Politik, die alle Angehörigen des weiblichen Geschlechts grundsätzlich von jedem offiziellen Amt in der Kirche ausschließen wollte, hatte sich als nicht durchsetzbar erwiesen ... Doch dieser vorläufige Sieg der Frauen war ein Pyrrhussieg ... Die Diakoninnen waren schließlich fast nur noch liturgisches Dekor. Nicht alles an dieser Entwicklung war böse Absicht ... Mit der Entwicklung zur Volkskirche und dem Schwinden der Erwachsenentaufe verloren die Klerikerinnen an Bedeutung als Katechetinnen und Liturginnen. So lösten sich manche Konflikte um die Frauen von selbst zugunsten der amtskirchlichen Politik"[71].

Ansorge zieht aus dem Auf und Ab der Entwicklung andere Konsequenzen: „Die Beobachtung, daß die Kirche in der Vergangenheit mit dem Diakonat der Frau auf *zeitbedingte Herausforderungen* geantwortet hat, die ihr aus den jeweiligen kulturellen und gemeindlichen Situationen heraus erwachsen sind, besitzt im Blick auf die gegenwärtige Diskussion um die Zulassung von Frauen zum Diakonat ein erhebliches theologisches Gewicht"[72].

Eines ist wohl überdeutlich geworden: Für die Entscheidung über die Ordination der Frau bietet der Diakonat weder Hilfen noch Hindernisse. In der Würzburger Synode haben wir beim Papier „Die pastoralen Dienste in der Gemeinde" die Fragen des Diakonats intensiv diskutiert. Die Synode nahm die altkirchliche Tradition auf, wonach der Diakon nicht zum Priesteramt *(ad sacerdotium)*, sondern zum Dienst *(ad ministerium)* geweiht wird (Lumen Gentium, Nr. 29). Es ist ein eigenständiges Amt. Was die Zulassung der Frau zu diesem Amt anging, so holte die Sachkommision dazu drei Gutachten ein: Die Professoren Yves Congar, Peter Hünermann und Herbert Vorgrimler (SYNODE 1973/7, S. 37–47) votierten positiv. Auch die ergänzenden Stellungnahmen von Peter Hünermann und Otto Semmelroth – beide nicht veröffentlicht – fielen bejahend aus. Dennoch war die Diskussion hitzig, und um eine möglichst breite Zustimmung zu erreichen, wurde das Votum geschwächt: Aus der Bitte um die Zulassung der Frau zum sakramentalen Diakonat wurde schließlich die Bitte um Prüfung dieser Frage (Votum Nr. 3).

Eine Antwort ist nie ergangen, auch nicht, als die deutschen Bischöfe das Thema in Rom erneut zur Sprache brachten.

Ist es zu verwegen, im Bereich der Diözesen, die dies wünschen, ein Handeln der Bischöfe zu erwarten? Der Bischof weiht den Diakon. Warum nicht auch eine Diakonin? Da würde keine Tradition gebrochen, vielmehr eine Tradition wieder aufgenommen. Es heißt in „Mulieris dignitatem", zwar durchaus wieder mit einem fixierten Rollenbezug, aber doch auch mit einer Öffnung: „An ihre besondere Berufung glaubend und in Harmonie mit ihrer Natur als Frauen, in Antwort auf die konkreten Bedürfnisse der Kirche und der Welt im allgemeinen, werden sie neue Formen des Dienstes finden und vorschlagen." Dies war als Abwehr des Priestertums gemeint; wie wäre es, wenn man es als Weg zum Diakonat verstünde?

VII

Von Verdrängungen und Inkonsequenzen

Niemals ist die katholische Kirche der Auffassung gewesen, daß die Frauen gültig die Priester- oder Bischofsweihe empfangen könnten", heißt es in „Inter Insigniores" (1); nur häretische Gruppen hätten solche Praxis gekannt. Greifen wir also das Argument der konstanten, ungebrochenen Tradition noch einmal auf. Mit „konstanter Tradition" kann nur dann uneingeschränkt argumentiert werden, wenn diese nicht von zeitbedingten kulturellen und gesellschaftlichen Voraussetzungen, nicht von zeitbedingten anthropologischen Auffassungen abhängt. Die Kongregation für die Glaubenslehre veröffentlichte seinerzeit zusätzlich zur Erklärung „Inter Insigniores" einen offiziellen Kommentar. Mit ihm hat sich Peter Hünermann auseinandergesetzt[73]. Ich will daraus nur ein paar Kostproben geben und sie durch andere Belege aus der kirchlichen Tradition ergänzen. Es wird sich zeigen, wie sehr Geschichte, Historie, um das englische Wortspiel aufzunehmen, „his story" und kaum „her story" war.

Der Kommentar verweist u. a. auf die „Didascalia apostolorum" (syrisch, um 230), die wir schon im Zusammenhang mit der Diakonin erwähnten. Da ist der Mann das Haupt der Frau. Sie muß ihm untertan sein, und deshalb darf sie weder lehren noch taufen. Nicht zeitbedingt? Heute kann die Frau, wie jeder Laie, taufen, auch das Lehren ist ihr erlaubt, und nachdrücklich widersprechen päpstliche und konziliare Dokumente der Auffassung vom geringeren Sein der Frau.

Wenn der Kommentar des weiteren die mittelalterliche Tradition anspricht, verweist er auf Bonaventura, Richard von Mediavilla, Duns Scotus und Durandus. Hünermann zitiert Bonaventuras vier Gründe, und ich will sie gekürzt wiedergeben:

– „Kein Ordo kann dem gespendet werden, der nicht die natürliche Möglichkeit oder Eignung für ihn hat; niemand aber hat die Möglichkeit zum Ordo, der nicht die Geeignetheit zur Tonsur und zur ‚Corona' [d.i. ein bestimmter Typ der Tonsur] besitzt, und niemand hat die natürliche Eignung dazu, dem es geziemt, das Haupt immer verschleiert zu haben".

– „Niemand ist fähig zum Empfang der Ordines, der nicht Gottes Bild trägt, denn in diesem Sakrament wird der Mensch auf eine gewisse Weise Gott oder göttlich, denn er wird der göttlichen Vollmacht teilhaftig; der Mann aber ist aufgrund seines Geschlechtes Bild Gottes, wie 1 Kor 11,7 gesagt wird".

– „... eine Frau aber kann eine solche Vollmacht nicht empfangen, wie es 1 Tim 2,12 gesagt wird".

– „...der Bischof aber ist der Bräutigam der Kirche" (auf diesen Zusammenhang komme ich später noch einmal zurück).

Kann angesichts solcher Aussagen weiterhin behauptet werden, diese Tradition sei nicht zeitbedingt?

Hünermann verweist auch auf eine seltsame Zitationspraxis des Kommentars: Richard von Mediavillas ablehnende Aussage wird zitiert, seine folgende Begründung hingegen nicht erwähnt. Sie lautet: „Wegen der Schwäche des Intellekts, der Veränderlichkeit der

Affekte [man fühlt sich an Mary Ward erinnert] – unter welchen Fehlern Frauen nach dem allgemeinen Gesetz erheblich mehr leiden als die Männer – kommt es den Frauen nicht zu, öffentlich zu lehren." Und dann: „Die Frau aber hat in bezug auf den Mann den Status des Unterworfenseins, was auch der Natur entspricht, weil das weibliche Geschlecht natürlicherweise unvollkommen ist im Hinblick auf das männliche Geschlecht"[74].

Nicht zeitbedingt? „Inter Insigniores" konstatiert am Ende dieses Abschnitts: „Diese Norm, die sich auf das Beispiel Christi stützt, wird befolgt, weil sie als übereinstimmend mit dem Plan Gottes für seine Kirche angesehen wird" (Nr. 4). Hünermann gibt einen wichtigen Hinweis: „Es heißt hier im lateinischen Text ‚putatur', nicht etwa ‚creditur'. Es wird also nicht behauptet, es handle sich beim Ausschluß der Frauen von der Zulassung zur Priesterweihe um eine verpflichtende Glaubenswahrheit. Vielmehr wird diese Ansicht durch das Wort ‚putatur' als eine theologische Sequenz qualifiziert"[75].

Anne Jensen hat in ihrem umfangreichen Buch „Gottes selbstbewußte Töchter", aus dem ich schon einige Male zitiert habe, die Texte von vier Autoren der frühen Kirchengeschichte untersucht. Dabei handelt es sich einmal um den Bischof vom Cäsarea, Eusebius (gest. 339), der die ersten drei Jahrhunderte bis zur Konstantinischen Wende 323 (für ihn *die* große Heilstat) deutet und zahlreiche frühchristliche Schriftsteller zitiert, von denen wir meist keine Originaldokumente besitzen. Für die anschließenden rund 150 Jahre sind es sodann drei Autoren: zum einen der recht aufgeschlossene und pazifistisch gesonnene Advokat Sokrates (gest. nach 439; Darstellung 306–439), der sich als Vertreter der Großkirche darstellt, aber dem Radikalismus eines Kyrill von Alexandrien oder eines Johannes Chrysostomos kritisch begegnet; ferner sein Standeskollege Sozomenos (gest. um 450; Darstellung 323–423), der durch eine eher enge monastische Erziehung geprägt war, viele, zum Teil recht obskure Wundererzählungen berichtet und das asketische Leben verherrlicht; schließlich Theodoret (gest. um 466; Darstellung 324–429): Als Mönch, dann Bischof von Kyros (nahe Antiochien) und Verfasser zahlreicher exegetischer Schriften nahm er auch lebhaft Anteil an den theologischen Auseinandersetzungen seiner Zeit; sein Herausgeber bezeichnet seine Kirchengeschichte als „eine Verteidigung der rechtgläubigen Kirche gegen die Arianer“[76]. Auch wenn es in Rezensionen kritische Einwände zu Jensens Buch „Gottes selbstbewußte Töchter“ gegeben hat und wenn ich Ihnen auch nicht die eigene Lektüre abnehmen will, so seien daraus doch einige nicht bestreitbare Tendenzen angeführt, die unser Verständnis einer „konstanten Tradition“ nicht unberührt lassen[77].

Bei Eusebius kommen weit mehr Frauen – meist Märtyrerinnen – vor als bei den anderen dreien (die Frauen gehen offenbar im Laufe der Zeit verloren). Nehmen die späteren Autoren sie auf, so wird oft tendenziös verändert: Die Frau wird anonymisiert und marginalisiert. Erwähnt werden Diakoninnen und Frauen, die sich zur Ehelosigkeit entschlossen. Palladios (gest. vor 431) hatte in seinem Buch „Paradies“, das meist „Historia Lausiaca“ genannt wird und in dem er das Leben in der Askese als engelgleiche Lebensform preist (Männer wie Frauen „antizipieren ... die himmlische Geschlechtslosigkeit“) von 71 Kapiteln immerhin zwanzig je ein oder zwei Asketinnen gewidmet und im Kapitel 41 zwölf namentlich genannt, doch Theodoret, der Palladios als Quelle benutzte, nennt ganze drei, und bei Sokrates und Sozomenos, die auch diese Quelle benutzten, erging es den Frauen nicht viel besser.

Anne Jensens Untersuchung der Märtyrerakten zeigt, daß auch Frauen „in den Klerus der Märtyrer" gehören, und führt die Sklavin Blandina, die eine wichtige Funktion in der Gemeinde hatte, ebenso wie Perpetua, deren Bericht das älteste erhaltene Selbstzeugnis einer Frau aus der frühen Kirche ist, vor Augen. Perpetua ist Mutter ebenso wie die Märtyrerin Felicitas. Im Ansehen der Märtyrer gibt es offenbar keinen Unterschied zwischen Männern und Frauen. In der Auseinandersetzung mit der prophetischen Tradition belegen die Quellen, daß es keinesfalls angeht, die Häretiker für den Verlust des Ansehens der Prophetie verantwortlich zu machen. „Grundsätzlich wurde charismatische Verkündigung von Frauen auch in der Großkirche anerkannt. Strittig war jedoch, ob die Autorität der Prophetinnen und Propheten höher anzusetzen war als die der Bischöfe und der übrigen ordinierten Amtsträger(innen)."[78] Priska tritt im 2. Jahrhundert hervor. Auch lehrende Frauen, unter ihnen die vermutlich zu gnostisch orientierten Kreisen der Großkirche gehörende bedeutende Philumene, gibt es; doch stehen den Zeugnissen des 3. Jahrhunderts auch solche gegenüber, die den Einfluß von Frauen einzuschränken suchten[79].

Die Tendenz, aus heutiger emanzipatorischer Absicht dem frühen Christentum besonders frauenfreundliche Züge zuzuschreiben, hatte schon Klaus Thraede gebrochen. Die Forschung hat inzwischen erkannt, daß sich in der Antike das Verhältnis zu den

Sklaven zunehmend humanisierte, die Machtverhältnisse aber nicht in Frage gestellt wurden. Innerhalb der Oberschicht gab es eine verbesserte Stellung der Frau, auch wenn es nicht heutige „Gleichberechtigung“ war. „Die hellenistischen Römerinnen, die sich für die neue Religion entschieden, waren also ‚emanzipierte‘ Frauen im wörtlichen Sinn – sie standen nicht mehr unter der *manus* eines Ehegatten.“[80] Eine grundlegende weitere Verbesserung trat für sie durch den Übertritt zum Christentum nicht ein. Unstrittig ist dann die „Tendenzwende“ in der Spätantike. „Eine eindeutige Antwort auf die Frage nach den kausalen Zusammenhängen gibt es bisher nicht ...“ Im egalitären Ethos „begegnen sich ... hellenistische Humanitätsideale und christliche Botschaft ... Eigentlich wäre ein Bündnis ... zu erwarten gewesen. Da die historische Entwicklung anders verlief, müssen weitere Faktoren im Spiel gewesen sein. Die radikal-feministische Anklage kann also bereits abgewiesen werden: Mit der Ausbreitung des Christentums *allein* kann die zunehmende Diskriminierung des weiblichen Geschlechts in der Geschichte der abendländischen Christenheit nicht erklärt werden.“[81] Die Durchsetzung hierarchischer Strukturen betrifft das römische Reich und die Kirche. Die „Konstantinische Wende“ hat Heinrich Fries „auf den Begriff gebracht: Kirche als Imperium. Dies ergab sich dadurch, daß die kirchlichen Ämter sich nach dem Modell der kaiserlich-römischen Ämter ausgestalteten“[82]. Die Sexualfeindlichkeit, das Enthaltsamkeitsideal muß als ein allgemeines spätantikes Phänomen gesehen werden, das dann in der Christenheit einen heilsgeschichtlich begründeten Vorrang erhielt. Anne Jensen weist auch noch auf zwei andere, nicht-theologische Tatsachen hin: die Wirren der Völkerwanderung in der westlichen Hälfte des römischen Reiches und die allmähliche Auflösung des Sklaventums, was zu einer Umschichtung der Sozialstruktur, zu neuer Arbeitsverteilung führte.

Viele offene Fragen, bisher übersehene Brüche neben übersehenen Zusammenhängen. „Ungebrochene Tradition?" Eine schlüssige Antwort darauf, wie es kam, daß sich aus der Fülle der Dienste nur ein männlich bestimmtes Amt herausbildete, gibt es bislang nicht. Auch das Schema vom frauenfeindlichen Judentum und dem frauenfreundlichen Christentum ist längst entlarvt. „Man muß fragen, warum die starke Position der Frau im kirchlichen Leben so schnell untergraben und beseitigt wurde und warum es der heutigen Kirche so schwer fällt, diese historisch und theologisch unbestreitbaren Erkenntnisse ernstzunehmen, um ihren guten Anfängen wieder treu zu werden."[83]

VIII

Fragen an das Kirchenrecht

Im Codex Iuris Canonici von 1917 wurde der Ort der Laien in der Kirche (was wäre sie ohne sie?) nur in *einem* grundlegenden Canon (682) bestimmt: „Sie haben das Recht, von den Klerikern geistliche Güter und die Mittel zum Heil (die Sakramente) zu empfangen." Alles übrige sind nur Verbote und Verpflichtungen ... Im alten „Wetzer und Welte's Kirchenlexikon" von 1882–1901, dem Vorgänger des „Lexikons für Theologie und Kirche", steht beim Stichwort „Laien" nur der Querverweis: „s. Clerus"[84].

Das, was die Forschung „Sacerdotalisierung" des kirchlichen Amtes nennt und wovon wir deutlich gesprochen haben, hatte, wie man sieht, das gemeinsame Priestertum aller Gläubigen aus Bewußtsein, kirchlicher Wirklichkeit und Sprache verschwinden lassen. Aus den einen wurden „Priester", aus den anderen „Laien".

Das Zweite Vatikanische Konzil hat nach bewegenden Auseinandersetzungen vor allem in der Kirchenkonstitution „Lumen Gentium" eine Absage an die Vorstellung von Christen zweier „Güteklassen" vollzogen, hat durch die Vorschaltung eines eigenen Kapitels über das Volk Gottes, das als Gemeinschaft aller Glaubenden begriffen wird, das klerikale Kirchenbild überwunden. Das *gemeinsame* Priestertum (diese Übersetzung ist, worauf Pesch, wie schon erwähnt, aufmerksam macht, korrekter als „allgemeines Priestertum"), das – erstmals in einem kirchenamtlichen Dokument – die geistliche Qualifikation aller Getauften meint, läßt am „königlichen Priestertum" (Art. 10), am prophetischen Amt (Art. 11) teilnehmen. Wenn Sie, liebe Leserin, lieber Leser, in ernster Sache auch einmal schmunzeln wollen, dann erlauben Sie mir zu erwähnen, daß Pesch, der das Kapitel „Die Volksangehörigen werden zum Volk" mit dem Hinweis auf die lexikalische „Leerstelle" begann, am Ende seines Kapitels, zum Beleg der Umkehr der Perspektiven, den nach seiner Meinung schönsten Konzilswitz zitiert: „Was ist ein Priester? Anwort: Ein Priester ist ein ehemaliger Diakon, der die Priesterweihe empfangen hat, selten zum Rang eines Bischofs aufsteigt, niemals aber zur Würde eines Laien erhoben wird."[85]

Allerdings heißt es auch: „Das gemeinsame Priestertum der Gläubigen und das Priestertum des Dienstes, das heißt das hierarchische Priestertum, unterscheiden sich zwar dem Wesen und nicht bloß dem Grade nach. Dennoch sind sie einander zugeordnet"(Art. 10). Sie erinnern sich gewiß an die Erwähnung der unterschiedlichen „Weihequalität" für Priester und Diakon; da sitzt vermutlich ein kleiner Sprengsatz. „Priestertum des Dienstes" (*sacerdos ministerialis*, „Dienstpriester") heißt es im Text. Otto Hermann Pesch betont: kein Rangunterschied. Und das „Wesen" des Priestertums ist seine Funktion für das priesterliche Volk: Verkündigung und Sakramentenverwaltung; dafür bekommt er eine „Vollmacht". „Und ‚Vollmacht' ist ein juridischer Begriff, kein ‚ontologischer' ... Man darf sich nicht durch den ‚ontologischen' Klang des Wortes ‚Wesen' täuschen lassen."[86]

Wiederum wird deutlich, daß sich die Frage nach dem Priestertum der Frau nicht von der grundlegenden Erörterung über das Amt trennen läßt. Sie ist weit mehr als ein „Frauenthema".

Im Artikel 32 von „Lumen Gentium" wird die Gemeinsamkeit beeindruckend beschrieben: „Eines ist also das auserwählte Volk Gottes: ‚Ein Herr, ein Glaube, eine Taufe' (Eph 4,5); gemeinsam die Würde der Glieder aus ihrer Wiedergeburt in Christus, gemeinsam die Gnade der Kindschaft, gemeinsam die Berufung zur Vollkommenheit, eines ist das Heil, eine die Hoffnung und ungeteilt die Liebe. Es ist also in Christus und in der Kirche keine Ungleichheit aufgrund von Rasse und Volkszugehörigkeit, sozialer Stellung oder Geschlecht, denn ‚es gilt nicht mehr Jude und Grieche, nicht Sklave und Freier, nicht Mann und Frau; denn alle seid ihr einer in Christus Jesus' (Gal 3,28; vgl. Kol 3,11)".

Konsequenzen dieser Konzilsaussagen werden im neuen Codex von 1983 gezogen, und zwar in den Canones 204 § 1 (durch die Taufe teilhaft am priesterlichen, prophetischen und königlichen Amt Christi) und 208: „Unter allen Gläubigen besteht, und zwar aufgrund ihrer Wiedergeburt in Christus, eine wahre Gleichheit in ihrer Würde und Tätigkeit, kraft der alle je nach ihrer eigenen Stellung und Aufgabe am Aufbau des Leibes Christi mitwirken."

Ida Raming hat in einem klugen, in manchen Passagen nicht unpolemischen Artikel darauf aufmerksam gemacht, daß der letzte zitierte Satz aus „Lumen Gentium" im Canon 208 wegfiel, obwohl er in den ersten Formulierungen der Lex Ecclesiae Fundamentalis

(LEF) noch auftauchte, so daß die Frage unvermeidbar ist, ob hier die Gleichheit der Geschlechter nicht erwähnt werden *sollte*[87].

Lassen wir uns auf den Codex genauer ein, so bemerken wir kleinere Abweichungen von den fundamentalen Aussagen der beiden zitierten Canones, die uns vermutlich nicht zutiefst erschüttern. Can. 111 § 1 legt fest, daß beim Streit zwischen Eheleuten über die kirchliche Zuordnung eines Kindes es „der Rituskirche zugeschrieben (wird), zu welcher der *Vater* gehört". Hier könnte übrigens, so wie es „weltlich" geregelt ist, ein Ehegericht „geschlechtsübergreifend" wirken, denn nach can. 1136 haben beide bei der Erziehung der Kinder und der Sorge für sie gleiche Rechte und Pflichten.

Daß im can. 1083 das Ehemündigkeitsalter unterschiedlich angesetzt ist – er nicht vor Vollendung des 16., sie nicht vor Vollendung des 14. Lebensjahres –, ist von unserer Wirklichkeit, unseren „weltlichen" Gesetzen im Abstand der Wirkungslosigkeit …

Auch das Ehehindernis der Entführung (can. 1089) verwirrt uns kaum; und wenn, nach der Darstellung der Normen und Formen des geweihten Lebens, sozusagen ergänzend in can. 604 der „Stand der Jungfrauen", ohne ein entsprechendes männliches Pendant, gepriesen wird als „Ausdruck ihres heiligen Vorhabens, Christus in besonders enger Weise nachzufolgen *(Christum pressius sequendi)*, dann wird uns auch dies kaum noch erregen.

Die emotionale Beteiligung sollten wir ebenfalls in Grenzen halten, wenn nach can. 230 § 1 „männliche Laien" *(viri laici)* „für die Dienste des Lektors und des Akolythen auf Dauer bestellt werden" können *(stabiliter assumi possunt)*, in § 2 den „Laien" *(laici)*, also offenbar den nicht männlichen Laien, eine Beauftragung mit dem Amt des Lektors allerdings nur „zeitlich begrenzt" *(ex temporanea deputatione)* zugestanden wird. Das ist praktisch ohne Bedeutung, denn § 3 läßt, „wo es ein Bedarf der Kirche nahelegt", durchaus zu, daß Laien, „selbst wenn sie nicht Lektor oder Akolythen sind, nach Maßgabe der Rechtsvorschriften bestimmte Aufgaben … erfüllen, nämlich den Dienst am Wort, die Leitung liturgischer Gebete, die Spendung der Taufe und die Austeilung der heiligen Kommunion." Gerade die letztgenannte Funktion war in vorausgegangenen Regelungen auf die Männer, die *viri,* beschränkt und wurde erst nach intensiven Protesten, vor allem der katholischen Frauenverbände, für Männer und Frauen geöffnet. Und wenn schließlich in can. 231 die „Aneignung" der zur gebührlichen Erfüllung der Aufgabe „erforderlichen Bildung" verlangt und gewissenhafte Pflichterfüllung angemahnt wird, sind alle Laien, ob nun auf Dauer oder auf Zeit bestellt, unterschiedslos angesprochen.

So bleibt wie ein Block des Widerspruchs Canon 1024 bestehen: „Die heilige Weihe empfängt gültig nur ein getaufter Mann." Frauen, getauft, gläubig, sind damit vom Priesteramt ausgeschlossen. Das Geschlecht allein begründet den Ausschluß. Im Neuen Testament, das ist unübersehbar, waren die ersten Künderinnen und Zeuginnen der Auferstehungsbotschaft Frauen. Nirgendwo steht, daß sie die Botschaft verfälscht, verkürzt weiter gegeben hätten, auch wenn die männlichen Jünger ihre Botschaft anfangs für „Geschwätz" hielten. Es ist ferner inzwischen längst erwiesen: „Wenigstens in den paulinischen Gemeinden hatten sie (die Frauen) wichtige Aufgaben einschließlich der Leitung. Man kann an die Röm 16,1 erwähnte Phöbe denken … Aus alledem darf man den sicheren Schluß ziehen: Die Frage nach dem Geschlecht der Personen, die ein Amt bekleiden, spielt theologisch nicht die geringste Rolle im Neuen Testament ... Wir stellen nur fest, daß ab der dritten Generation offenbar Frauen nicht mehr in Ämter berufen werden – aber diese Tatsache erklärt sich ungezwungen aus dem allgemeinen Patriarchalismus der Zeit. Die Gemeinden müssen bedenken: Christenglaube ist Zeugnisglaube. Nach herrschender Ansicht aber können Frauen kein echtes Zeugnis geben. Da vom Neuen Testament her die primäre Funktion der Amtsinhaber das authentische Zeugnis ist, versteht es sich im ideologischen Kontext von selbst, daß das Amt Männern vorbehalten bleiben muß ... Wo der genannte Kontext nicht mehr vorhanden ist, muß die Geschlechterfrage erörtert werden. Das präzis ist heute der Fall."[88] In der Tat: Der Kontext ist nicht mehr vorhanden, und er wird, wie wir gesehen haben, vielfach und nachdrücklich auch von der Kirche nicht mehr bewahrt. Mit einer Ausnahme?

Ida Raming zitiert can. 219 „Alle Gläubigen haben das Recht, ihren Lebensstand frei von jeglichem Zwang zu wählen" und bezieht sich auf die Dissertation von Chr. Huber, „Das Grundrecht auf Freiheit bei der Wahl des Lebensstandes. Eine Untersuchung zu C. 219 des kirchlichen Gesetzbuches"[89]. Hier wird der ‚Lebensstand' als der „in freier Entscheidung als Antwort auf eine spezielle Berufung übernommene und durch einen äußeren Rechtsakt begründete ekklesiale Ort eines Gläubigen" definiert, „dem der Charakter der Ganzheitlichkeit und der Dauerhaftigkeit eignet"[90].

Immer wieder wird in diesem Zusammenhang von den Gegnern der Frauenordination angeführt, es gäbe keinen Rechtsanspruch auf den Weiheempfang. Gewiß gibt es kein „subjektives Recht auf die Weihe“, aber, hier folge ich Huber und Raming, es muß doch „grundsätzlich die *gleiche Wahlmöglichkeit*“ geben. Warum darf einzig der Mann außerhalb des Ordensstandes im geistlichen Sinn Beruf und Berufung verbinden?

Wenn wir uns auf den Zusammenhang von Leitungsgewalt (Jurisdiktionsgewalt) und heiliger Weihe einlassen, wird es nicht einfacher. Can. 129 § 1 bestimmt: Zur Übernahme von Leitungsgewalt, die es aufgrund göttlicher Einsetzung in der Kirche gibt und die auch Jurisdiktionsgewalt genannt wird, sind nach Maßgabe der Rechtsvorschriften diejenigen befähigt, die die heilige Weihe empfangen haben.

§ 2: Bei der Ausübung dieser Gewalt können Laien nach Maßgabe des Rechtes mitwirken *(cooperari possunt)*.

Dieses „cooperare“ wurde gegen den Vorschlag „partem habere“ („teilhaben“) durchgesetzt. Und auch can. 274 § 1 legt fest: „Allein Kleriker können Ämter erhalten, zu deren Ausübung Weihegewalt oder kirchliche Leitungsgewalt erforderlich ist.“ Nach can. 266 § 1 „wird jemand Kleriker“ durch „den Empfang der Diakonenweihe“.

Can. 1421 § 1 bestimmt zwar: „Im Bistum sind vom Bischof Diözesanrichter zu bestellen, die Kleriker sein müssen“, doch folgt – übrigens bis heute umstritten – § 2: „Die Bischofskonferenz kann die Erlaubnis geben, daß auch Laien als Richter bestellt werden, von denen einer bei der Bildung eines Kollegialgerichtes herangezogen werden kann, soweit eine Notwendigkeit *(suadente necessitate)* dazu besteht“. Dieses „suadente necessitate“ läßt mehr als eine Auslegung zu.

Eine in diesem Zusammenhang beachtenswerte Dissertation, über die Felix Hafner in der „Orientierung“ vom 15. September 1994 berichtet, stammt von Adrian Loretan, Assistent für kanonisches Recht an der Theologischen Fakultät Luzern. Er befaßt sich mit dem Amt der Pastoralreferenten und -assistenten und kommt zu dem Ergebnis, daß zwar Laien „die Beteiligung an der Ausübung von Leitungsvollmacht nicht sakramental übertragen“ wird, daß sie aber – can. 517 § 2 – unter der „Leitung“ eines Priesters bei Priestermangel „an der Wahrnehmung der Seelsorgsaufgaben einer Pfarrei“ beteiligt werden können. Hier gibt es für Loretan „neben dem geweihten Amt *(ministerium ordinatum)* auch ein von der Hierarchie beauftragtes Amt *(ministerium institutum)*, das an der Ausübung von Leitungsvollmacht teilhaben kann ... Laut Loretan wird in der Schweiz die Jurisdiktionsfähigkeit der Laien dadurch unterstrichen, daß hier die Bischofskonferenz für die Beauftragung durch den Bischof den im CIC/1983 leider fehlenden Begriff ‚missio canonica‘ verwendet; dies im Unterschied zur Deutschen Bischofskonferenz, welche die Jurisdiktionsfähigkeit der Laien nicht anerkennt“[91], wobei mir nicht klar ist, ob diese Aussage derart eindeutig zutrifft. Leider hat das 2. Vatikanische Konzil die Verbindung von Weihegewalt und Leitungsgewalt verstärkt (can. 332); das weist keine neuen Wege, erschwert die Übertragung von Leitungsgewalt an nicht-ordinierte Laien, und damit insbesondere natürlich an Frauen. Abermals wird offensichtlich: Über das Priestertum der Frau, über ihre Teilhabe an der kirchlichen Leitungsgewalt kann nicht isoliert befunden werden. Der Vorhang vor dem Forum der Diskussion kann nicht zugezogen werden, zu viele Fragen sind offen.

Ausblick

Maria – Braut und Bräutigam

Im jüngsten Schreiben des Papstes „Ordinatio Sacerdotalis" wird die Tatsache, daß Maria, die Mutter Gottes, nicht das Amtspriestertum erhalten hat, nicht zur Verstärkung der ablehnenden Gründe gebracht, vielmehr soll dadurch bewiesen werden, daß diese Ablehnung keine Diskriminierung der Frauen bedeute. Wolfgang Beinert bringt zur Sprache, daß in der Diskussion um die Miterlöserschaft Mariens zwischen dem 18. und 20. Jahrhundert Maria oft genug als Priester bezeichnet wurde, er verweist auch auf bildliche Darstellungen entsprechender Art[92] und führt in einer Anmerkung zu seinem Text die noch 1907 päpstlich approbierte Anrufung „Maria Virgo Sacerdos" an, die 1927 zurückgezogen wird, wie dann auch der Maria-Sacerdos-Kult verboten wird (Reaktion auf die neu aufkommende Frage der Frauenordination?).

Beinert erläutert, sich auf einen hermeneutischen Grundsatz Papst Pauls VI. stützend, den Unterschied zwischen der historischen Maria und ihrer Bedeutung für die Christen. Er „ergibt sich aus der Weise, wie sie in ihrer Biographie dem Ruf Gottes gefolgt ist. Diese aber ist wie jede menschliche Biographie einmalig ... in einem unwiederholbaren Lebenskontext verankert ... Vor allem aber zeigt die Betrachtung des soziokulturellen Zusammenhanges ihres Lebens, daß das Postulat eines Priestertums für Maria irreal ist: ein solches ... gab es damals überhaupt nicht."[93] Wir stoßen immer wieder auf die Geschichtlichkeit unseres Glaubens. Jesus ist nicht wie ein griechischer Gott besuchsweise auf diese Erde gekommen. Seine Menschwerdung ist geschichtlich konkret. Sein Auftrag muß sich, wenn er gehört werden will, in den konkreten Lebenssituationen seiner Zeit darstellen, das haben wir nun vielfach beleuchtet. Jesus sprengt immer wieder die Beziehungslosigkeit der Menschen und öffnet ihnen den Zugang zum Vater, der Liebe und Gerechtigkeit verbindet. Er sprengt nicht die Grundstrukturen seiner Gesellschaft, wohl aber setzt er Spuren der Veränderung. Und so gilt das Wort Pauls VI. von 1974 („Marialis Cultus") über Maria: Sie wird „nicht wegen der Art ihres Lebens ... und noch weniger wegen der soziologisch-kulturellen Umgebung ... die heute fast überall überholt ist", zur Nachahmung empfohlen, „sondern vielmehr ... weil sie in ihren konkreten Lebensbedingungen vorbehaltlos und verantwortungsbewußt dem Willen Gottes Folge geleistet hat"[94].

Wie können wir in unseren Tagen solches versuchen, solches leben? Unser Weltbild, unser Verständnis und Wissen vom Menschen haben sich in den letzten 100 oder 50 Jahren epochal verändert. Wir gehen zum einen anders mit biblischen Texten um, durchaus von der Päpstlichen Bibelkommission darin bestätigt. Deren Dokument „Die Interpretation der Bibel in der Kirche" von Ende 1993 atmet einen Geist der Weite, der Hoffnung wecken kann. Wer hätte sich vor 100 Jahren ein römisches Dokument vorstellen können, das wie dieses die verschiedenen Zugänge zur Heiligen Schrift darstellt und würdigt? Die historisch-kritische Methode, neue Methoden der literarischen Analyse, auf die Tradition wie auf die Humanwissenschaften gründende Zugänge werden ebenso sachlich dargestellt wie die kontextuellen Zugänge der „Befreiungstheologie" und der feministischen Bibelhermeneutik[95]. Es gibt in der Tat eine Fähigkeit zur Wandlung in unserer Kirche, auf die ich vertraue.

Wir haben zum anderen heute ein neues Menschenbild, das Mann und Frau in der Schöpfungs- wie in der Heilsordnung als gleichrangig wertet. Deshalb kann auch der Satz, den ich eingangs zitierte, daß im Geheimnis der bräutlichen Liebe die Kirche Braut, Christus der Bräutigam ist und darum „das Symbol des Bräutigams männlichen Geschlechts" ist, nicht unbefragt bleiben. Da lebt das im jüngsten Schreiben vom Papst nicht erneut zitierte Argument auf, der Priester handle in der Eucharistiefeier „in persona Christi". Da wird Menschwerdung auf das „Mannsein" begrenzt, und da wird aufgrund der Tatsache, daß Jesus nur als Mann überhaupt hat wirken können, eine Norm aus einem Symbol gemacht. Beinert hat in seinen dogmatischen Überlegungen zu unserm Thema[96] die Symbolik des Epheserbriefes – Christus und die Kirche als Verhältnis von Braut und Bräutigam – als nur aus dem patriarchalischen, nicht aber aus einem partnerschaftlichen Beziehungsgefüge verstehbar erklärt. Und wenn in „Lumen Gentium" über den Priester gesagt wird, daß er das eucharistische Opfer „in der Person Christi" vollzieht und es „im Namen des ganzen Volkes Gottes" darbringt (Nr. 10), dann ist er zugleich auch „Braut". Alles andere kommt mir vor wie ein Photo, von dem behauptet wird, es zeige sämtliche möglichen räumlichen Dimensionen ...

Wir haben eingeleitet mit Erinnerungen an Männer

und Frauen, die nicht geschwiegen haben. Sie machen mir Mut, desgleichen die besonnenen, fundierten Reaktionen von Theologen und Bischöfen. Ich erinnere mich an das Votum der Päpstlichen Bibelkommission *vor* „Inter Insigniores"; ich erinnere mich, daß Bischöfe wie Weakland und Schwenzer sich auf der 7. Ordentlichen Bischofssynode 1987 über die Berufung und Sendung der Laien in Kirche und Welt trotz gegenteiliger päpstlicher Weisung nicht davon abhalten ließen, gleiche Würde und Rechte für Männer und Frauen im kirchlichen Dienst zu fordern. Ich habe erfreut zur Kenntnis genommen, daß die deutschen Bischöfe in ihrer Würdigung des päpstlichen Schreibens „Ordinatio Sacerdotalis" feststellen: „Der Papst wollte bei allem Nachdruck auf die Verbindlichkeit seines Schreibens gewiß auch kein Diskussionsverbot verhängen". Und ich lese, was der Baseler Bischof Hansjörg Vogel an die Seelsorgerinnen und Seelsorger seines Bistums schrieb: „Nach meiner Einschätzung hat das Apostolische Schreiben mehr neue theologische Fragen aufgeworfen, als es alte gelöst hat". Auch der Apostolische Nuntius in Deutschland erhofft und erwartet einen „ruhigen Dialog".

Unaufgearbeitete Konflikte führen politisch zu Revolutionen, gar zu Kriegen, führen menschlich zu Aggression oder Hoffnungslosigkeit. So ist das Aufnehmen von Konflikten, der nachdenkliche und gründliche Umgang mit Argument und Gegenargument, ein Zeichen von Hoffnung und von Einheit, Einheit nicht in einem monolithischen Sinn, vielmehr – wie es Übergangszeiten entspricht – als das Aushalten von Spannungen, als die Anerkennung unterschiedlicher Legitimationen in einem großen Rahmen der Gemeinsamkeit.

Wie war das noch mit den Pflichten der Gläubigen? Can. 211: Alle Gläubigen haben die Pflicht und das Recht, dazu beizutragen, daß die göttliche Heilsbotschaft immer mehr zu allen Menschen aller Zeiten auf der ganzen Welt gelangt.

„Auf der ganzen Welt" – das trifft zuerst das Land, den Kontinent, auf dem wir leben. Und „Pflicht" ist auch das Wahrnehmen des Rechts.

Der Auferstandene grüßte die Frauen: „Fürchtet euch nicht! Geht hin und verkündet meinen Brüdern, sie sollen nach Galiläa gehen, dort werden sie mich sehen" (Mt 28,19). Im Galiläa unserer Tage wollen auch wir Frauen Ihm begegnen, wollen wir seine Botschaft zu leben und zu bezeugen versuchen – ohne durch Vorurteile ausgegrenzt oder gar abgeschrieben zu sein. Karl Rahner schrieb 1977 zu unserem Thema: „... die Zeit drängt, und man kann gewiß nicht ohne Schaden für die Kirche 100 Jahre warten ..."[97]

Anmerkungen

[1] Erika Lorenz, Ein Pfad im Wegelosen, Freiburg 1986, S. 105 f.
[2] Mathilde Köhler, Maria Ward, München 1984, S. 244 ff.
[3] John Henry Newman, Bücher des Wissens, Fischer Bücherei 1958, S. 14.
[4] Günther Schiwy, Teihard de Chardin, München 1981, Bd. II, S. 77 u. a.
[5] Zitiert nach Wolfgang Beinert (Hg.), Frauenbefreiung und Kirche, Regensburg 1987, S. 154.
[6] Zitiert nach Wolfgang Beinert, a. a. O., S. 132 f.
[7] Zitiert nach Peter Brown, Die Keuschheit der Engel, München 1991, 387 f.
[8] Zitiert nach Haye van der Meer, Priestertum der Frau? Quaestiones Disputatae Nr. 42, Freiburg 1969 (mit dem „nihil obstat" versehen, eine von Rahner gestützte Dissertation).
[9] Vgl. Anne Jensen, Gottes selbstbewußte Töchter, Freiburg 1992, S. 272 ff.
[10] Peter Brown, Die Keuschheit der Engel, München 1991, S. 93.
[11] Zitiert nach Van der Meer, a. a. O., S. 70.
[12] Ebd., S. 72.
[13] Ebd., S. 86 f.
[14] Zitiert nach Gottfried Bachl, Der beschädigte Eros, Mann und Frau im Christentum, Freiburg 1989, S. 41.
[15] Peter Brown, a. a. O., S. 408 f.
[16] Ebd., S. 413.
[17] Ebd., S. 427.
[18] O. H. Pesch, Thomas von Aquin, Mainz 1988.
[19] Ebd., S. 214 f.
[20] Ebd., S. 218.

[21] Ebd., S. 219.

[22] Ebd., S. 220. Interessant zu lesen ist auch Alfons Hufnagel, Die Bewertung der Frau bei Thomas von Aquin, in: Theologische Quartalschrift, 2. Heft, 1976, S. 133 ff., der durch die Hineinnahme des Themas in das Egreß–Regreß–Schema von Thomas zu zeigen versucht, daß die Frau im Denken des Aquinaten immer mehr alles verliert, was sie in ihrem Wert dem Manne gegenüber herabwürdigt.

[23] O. H. Pesch, a. a. O., S. 226.

[24] Helen Schüngel-Straumann, Weibliche Dimensionen in mesopotamischen und alttestamentlichen Schöpfungsaussagen und ihre feministische Kritik, in: Marie-Theres Wacker und Erich Zenger (Hg.), Der eine Gott und die Göttin, Quaestiones Disputatae Nr. 135, Freiburg 1991, S. 66.

[25] Ich folge dabei im wesentlichen dem Schlußbericht von Klaus Nientiedt in der Herder-Korrespondenz, Februar 1993, S. 87 ff.

[26] Ebd., S. 89.

[27] Ebd., S. 90.

[28] Ebd., S. 92.

[29] Hans Küng, Credo, München 1992, S. 176.

[30] Frauen hatten zahlreiche Eingaben unser Thema betreffend an das Konzil gemacht. Gertrud Heinzelmann hat sie zusammengefaßt, in: Gertrud Heinzelmann (Hg.), Wir schweigen nicht länger. Frauen äußern sich zum 2. Vatikanischen Konzil, Zürich 1964.

[31] Vgl. hierzu besonders: Theologische Quartalschrift, Heft 2, 1976 und Heft 3, 1993; Ida Raming, Stereotype Einwände gegen die Frauenordination, in: Orientierung vom 30. Juni 1992, S. 143 ff; Johanna Schießl, Priestertum der Frau, in: Stimmen der Zeit, Heft 2, 1993, S. 115 ff; Peter Hünermann, Das Papstschreiben über das Priestertum der Frau, in: Herder-Korrespondenz, August 1994, S. 406 ff; Ida Raming, Endgültiges Nein zum Priestertum der Frau?, in: Orientierung vom 30. Sept. 1994, S. 190 ff; W. Seibel, Priestertum der Frau, in: Stimmen der Zeit, Heft 9, 1994, S. 577 f; W. Beinert, Priestertum der Frau, in: Stimmen der Zeit, Heft 11, 1994, S. 723 ff.

[32] Joachim Gnilka, Jesus von Nazaret, Botschaft und Geschichte, Freiburg 1993, S. 189.

[33] Der Report ist unter der Überschrift: Biblical Commission Report „Can Women Be Priests?" abgedruckt bei L. u. A. Swidler (Hg.), Women Priests. A Catholic Commentary on the Vatican

Declaration, New York 1977, S. 338–346; das Zitat IV (2), S. 346. Der Satz wurde einstimmig verabschiedet (17 : 0), vgl. J. R. Donahue, A Tale of Two Documents, ebd. 25. Zur Gesamteinschätzung vgl. W. Beinert, in: Theologische Quartalschrift, Heft 3, 1993, S. 192.

[34] Luise Schottroff, Lydias ungeduldige Schwestern, Gütersloh 1994, S. 120.

[35] Ebd., S. 123.

[36] Ebd., S. 176.

[37] Zitiert nach Josef Blank, Frauen in den Jesusüberlieferungen, in: Dautzenberg u. a. (Hg.), Die Frau im Urchristentum, Quaestiones Disputatae Nr. 95, Freiburg 1983, S. 54.

[38] Blank, a. a. O., S. 57 f.

[39] Ebd., S. 79.

[40] Peter Hünermann, a. a. O., S. 409.

[41] Gerhard Lohfink, Weibliche Diakone im NT, in: Gerhard Dautzenberg u. a. (Hg.), a. a. O., S. 320 ff.

[42] Lohfink, a. a. O., S. 328.

[43] Peter Hünermann, a. a. O., S. 408.

[44] G. Dautzenberg, Zur Stellung der Frau in der paulinischen Gemeinde, in: Dautzenberg u. a. (Hg.), a. a. O., S. 198 f.

[45] Zitiert nach Rudolf Pesch, Paulus ringt um die Lebensform der Kirche, Herderbücherei Nr. 1291, Freiburg 1986, S. 241.

[46] Dautzenberg, a. a. O., S. 212 f.

[47] Schottroff, a. a. O., S. 112.117.

[48] Die Bekenntnisschriften der evangelisch-lutherischen Kirche, hg. im Gedenkjahr der Augsburgischen Konfession, Göttingen, 2. Aufl., 1955, II 523, hier zitiert nach Karlheinz Müller, Die Haustafel des Kolosserbriefes und das antike Frauenthema, in: Dautzenberg u. a. (Hg.), a. a. O., S. 265.

[49] Karlheinz Müller, a. a. O., S. 279. Aufschlußreich auch K. Thraede, Ärger mit der Freiheit. Die Bedeutung von Frauen in Theorie und Praxis der alten Kirche, in: G. Scharffenorth, K. Thraede, Freunde in Christus werden. Die Beziehung von Mann und Frau als Frage an Theologie und Kirche, Gelnhausen – Berlin-Stein 1977.

[50] Vgl. vor allem Dieter Lührmann, Neutestamentliche Haustafeln und antike Ökonomie, in: NTS 27, 1980; ders., Wo man nicht mehr Sklave oder Freier ist. Überlegungen zur Struktur frühchristlicher Gemeinden, in: WuD 13, 1975, S. 53 ff; Klaus

Thraede, a.a.O.; David L. Balch, „Let Wives be Submissive". The origin, form and apologetic function of the household duty code (Haustafel) in 1 Peter, Yale University 1974 (Diss. Phil., Abt.: Religion. Xerox University Microfilms, Ann Arbor, Michigan 48 106).

[51] Müller, a.a.O., S. 289 und 290.

[52] Müller, a.a.O., S. 316.

[53] Linda M. Maloney, Die Begründung für ein Anderssein der Frau in der klassischen Philosophie des Altertums und in der ersten Christenheit, in: Concilium, Heft 6, 1991 zum Thema „Wesen der Frau?", S. 476 ff.

[54] Zur Lage der Frauen in der katholisch-theologischen Forschung und Lehre vgl. jüngst Marion Wagner, Ein doppeltes Handicap?, in: Herder-Korrespondenz, März 1993, S. 149 ff.

[55] Dirk Ansorge, Die wesentlichen Argumente liegen auf dem Tisch. Zur neueren Diskussion um den Diakonat der Frau, in: Herder-Korrespondenz, November 1993, S. 581 ff.

[56] Vgl. ebd.

[57] Vgl. Alfons Weiser, Die Rolle der Frau in der urchristlichen Mission, in: Dautzenberg u. a. (Hg.), a.a.O., S. 175 ff.

[58] Dirk Ansorge, a.a.O., S. 581.

[59] Anne Jensen, a.a.O., S. 143.

[60] Zitiert nach Dirk Ansorge, a.a.O., S. 582.

[61] Gerhard Lohfink, Weibliche Diakone im Neuen Testament, in: Dautzenberg u. a.(Hg.), a.a.O., S. 333. Auch die folgenden Lohfink-Zitate finden sich hier.

[62] Dirk Ansorge, a.a.O., S. 581.

[63] Anne Jensen, a.a.O., S. 143.

[64] Zitiert nach Ansorge, a.a.O., S. 581.

[65] Vgl. Anne Jensen, a.a.O., S. 75.

[66] Abraham-Andreas Thiermeyer, Der Diakonat der Frau, in: Theologische Quartalschrift, Heft 3, 1993, „Frauenordination", S. 227.

[67] Vgl. hierzu Elisabeth Schüssler Fiorenza, Neutestamentlich-frühchristliche Argumente zum Thema Frau und Amt, in: Theologische Quartalschrift, a.a.O., S. 173 ff.

[68] Dirk Ansorge, a.a.O., S. 582.

[69] Zitiert nach Anne Jensen, a.a.O., S. 146.

[70] Dirk Ansorge, a.a.O., S. 582.

[71] Anne Jensen, a.a.O., S. 157 f.

[72] Dirk Ansorge, a.a.O., S. 584.

[73] Peter Hünermann, Lehramtliche Dokumente zur Frauenordination, in: Theologische Quartalschrift, Heft 3, 1993, S. 205 ff.

[74] Zitiert nach Peter Hünermann, a.a.O., S. 211.

[75] Ebd., S. 215.

[76] Anne Jensen, a.a.O., S. 39–43.

[77] Ich beziehe mich für diese Zusammenfassung vor allem auf die Ergebnisse Anne Jensens in ihrem o.g. Buch unter den Überschriften „Bilanz", „Zusammenfassung" und „Epilog".

[78] Ebd., S. 428.

[79] Vgl. S. 428 f.

[80] Ebd., S. 431.

[81] Ebd., S. 436.

[82] Otto Hermann Pesch, Das Zweite Vatikanische Konzil, Würzburg 1993, S. 133.

[83] Erich Zenger, „Das Alte Testament ist eindeutig gewaltkritisch", in: Herder-Korrespondenz, Oktober 1993, S. 510.

[84] Vgl. O. H. Pesch, a.a.O., S. 137.

[85] Ebd., S. 206.

[86] Ebd., S. 182.

[87] Vgl. Ida Raming, Ungenutzte Chancen für Frauen im Kirchenrecht, in: Orientierung Nr. 6, 31. März 1994, S. 68.

[88] Wolfgang Beinert, Priestertum der Frau. Der Vorhang zu, die Frage offen?, in: Stimmen der Zeit, Heft 11, November 1994, S. 732.

[89] Dissertation Kanonistische Reihe, hg. von W. Aymans u. a., Bd. 2, St. Ottilien 1988.

[90] Zitiert nach Ida Raming, a.a.O., S. 69.

[91] Orientierung, 15. September 1994, S. 187 f.

[92] Stimmen der Zeit, Nov. 1994, S. 732.

[93] Ebd., 733.

[94] Ebd., 733.

[95] Vgl. hierzu „Bibel und Kirche" (Katholisches Bibelwerk Stuttgart) Heft 4, 1994: „Zugänge zur Bibel/Das neue Bibeldokument aus Rom", wo die Papstansprache, das Dokument, eine Würdigung, ein Schweizer Evangelischer Beitrag veröffentlicht sind.

[96] Theologische Quartalschrift, S. 196 f.

[97] Stimmen der Zeit, 1977, S. 291 f.